新疆农业职业技术学院现代学徒制试点学徒岗位教材
现代马产业技术专业现代学徒制系列教材
教育部第三批现代学徒制试点项目成果

马房管理技术
学徒手册

李　桉　邓双义　主编

中国农业大学出版社
·北京·

内 容 简 介

本教材是教育部第三批现代学徒制试点项目成果，以国际马房管理技术标准为基础，参考国内知名马术俱乐部马房管理主要做法，为学生以学徒身份在校企学习提供支撑，也可以作为企业新进员工培训手册。本教材为校企合作共同开发，其操作性、实用性、推广性较强，是国内马产业职业教育教材的先行试点教材。

图书在版编目（CIP）数据

马房管理技术学徒手册 / 李桉，邓双义主编. --北京：中国农业大学出版社，2024.3

ISBN 978-7-5655-3176-7

Ⅰ.①马… Ⅱ.①李…②邓… Ⅲ.①赛马－饲养管理－岗位培训－手册 Ⅳ.①G882.1-62

中国国家版本馆 CIP 数据核字(2024)第 042447 号

书　　名　马房管理技术学徒手册

作　　者　李　桉　邓双义　主编

策划编辑　康昊婷　　**责任编辑**　康昊婷

封面设计　郑　川　李尘工作室

出版发行　中国农业大学出版社

社　　址　北京市海淀区圆明园西路 2 号　　**邮政编码**　100193

电　　话　发行部 010-62733489,1190　　读者服务部 010-62732336

编辑部 010-62732617,2618　　出　版　部 010-62733440

网　　址　http://www.caupress.cn　　**E-mail**　cbsszs@cau.edu.cn

经　　销　新华书店

印　　刷　涿州市星河印刷有限公司

版　　次　2024 年 3 月第 1 版　　2024 年 3 月第 1 次印刷

规　　格　180 mm×255 mm　　16 开本　　8 印张　　161 千字

定　　价　29.00 元

编审人员

主　编　李　桉　新疆农业职业技术学院

邓双义　新疆农业职业技术学院

副主编　姚新奎　新疆农业大学

吕微蓉　昭苏县职业技术学校

编　委　郑文祥　伊犁种马场核心马队

王　兵　西安汉唐马术俱乐部

冯　凯　新疆农业职业技术学院

杨力伟　新疆农业职业技术学院

史莉华　昭苏县职业技术学校

马树勇　新疆野马文化发展有限公司

马　忠　北京青奥营地教育咨询有限公司

刘　卉　乌鲁木齐神木园马术俱乐部

巴音达拉　北京天星调良马术俱乐部

加依娜尔　阿勒泰富蕴县赛马场

主　审　柳旭伟　新疆农业职业技术学院

前　言

本教材为马产业相关专业的核心专业教材。本教材共分两部分，第一部分是步入企业之入职培训专题，重点介绍我国马企业马房管理发展现状，第二部分是学徒工作学习任务之实训岗位——重点介绍马房管理知识，包含马房管理与环境调控技术，马匹饲养管理技术和马匹护理技术。本教材在说明必要的理论知识外，重点利用图文并茂的方式阐述技能操作原理，同时每节内容后面附有学习中、学习后需完成的课业。

本教材充分体现了学徒制教材特色：

党的二十大报告指出，教育是国之大计，党之大计。培养什么人，怎样培养人，为谁培养人是教育的根本问题。教材在人才培养中发挥着重要作用。

1. 将学校教育与企业培训结合，学生以学徒身份学习必要的知识和技能的同时，渗透工作态度、企业文化、企业精神等内容；

2. 第二部分学徒工作学习任务编写时有大量的马企业技术员和教练员参加，使教材内容更贴近生产一线，更能指导生产实践工作；

3. 本教材采用活页设计，学徒可以根据需要自行取用。

本教材编写分工为：第一部分步入企业之入职培训专题由李桉、邓双义编写；第二部分学徒工作学习任务之实训岗位马房管理任务一由吕微蓉、马忠、冯凯、史莉华编写；任务二由李桉、姚新奎、郑文祥、王兵编写；任务三由杨力伟、马树勇、刘卉、加依娜尔、巴音达拉编写。

本教材在编写过程中参阅了国内外有关文献，并汲取了相关成果，在此，编者对这些文献的作者表示由衷的感谢。

编者

2023 年 12 月

目 录

第一部分

步入企业

The first part
The first part
The first part
The first part

入职培训专题

我国马企业马房管理发展现状

一、 我国马企业马房设施水平

20 世纪 90 年代以来，国内马业有了进一步发展，很多地方先后建起了马术俱乐部和马业机构，在马业机构中马房是马场设施的重要建筑之一。

（一） 马房设施

1. 马房建设

首先，合格的马房必须有严格的建设标准，需要考虑大门尺寸、单间面积、饲槽尺寸、厩窗高度及大小、采光、面积、排水、排污及通风等一系列问题。除此之外，草料储存室、饲料调剂室、鞍具室、饲养员休息室、工具室、装蹄室、伤病处置室以及刷拭、洗浴工位都是马房必不可少的设施。其次，马房的设施应该符合马匹的卫生标准，不合理或不牢固的设施，都会对人或马造成危害。马房要干燥、通风、采光良好，管理方便，保持适宜的温度和湿度，有方便的供水与良好的排水。建设良好的马房见图 1-1。

2. 马房休闲设施

休闲场地不是找一块空地就可以，它需要具备安全性和可靠性。马匹每天都要有适当的活动，即使调教或训练之后也不应限制其自由活动，轻微的活动比呆立不动更利于消除疲劳。如果马匹整天在厩内不活动，会养成各种恶癖，如啃物、晃头、刨地等。每匹马的休闲场面积不能少于 20 m^2，围栏（或围墙）要坚固，高 1.8 m 左右，以防马跳出去，也可利用调教圈作为休闲场。此外，长期不活动的马也容易患上胃肠功能减弱、四肢病和蹄病等疾病。马房休闲设施见图 1-2。

图 1-1　建设良好的马房

图 1-2　马房休闲设施

3. 马房附属设施

马房附属设施是一个最容易被人忽视的环节，但却有着很重要的作用。重视附属设施建设，马房管理就会正规，马匹健康程度也会随之提高；不重视附属设施建设，马房发生意外的概率就会变大，所以我们要对附属设施的建设足够重视。马房附属设施包括防滑、防潮、耐用的地面，备有铺垫锯末或刨花的仓库，存放马粪的池子（防污染周围环境），醒目位置设置的禁烟禁火标志等。马房附属设施见图 1-3。

图 1-3　马房附属设施

（二）我国马术俱乐部马房设施水平综述

截至 2019 年 8 月，我国共有 2 160 家马术俱乐部，较 2018 年 1 802 家年增长率 17%。其中，华东和华北地区的马术俱乐部居多，合计占全国马术俱乐部总比例的 61.49%，一半以上，分别占比为 32.48%和 29.01%。在 2 000 多家马术俱乐部中，马房设施水平参差不齐，马术俱乐部马房及马房附属设施比较先进、有室内馆的俱乐部占 54.93%，有纤维场地的俱乐部占 78.77%。我国有 2/3 马术俱乐部的马房和马房附属设施与先进马术俱乐部相比差别不大。另外 1/3 马术俱乐部的马房设施就有些简陋，不能与世界先进水平接轨。俱乐部的会所设施与马房设施，是体现俱乐部等级的重要指标。设置科学、环境良好的马房，是一个马术俱乐部高水平的直接体现。只有营造好马房，马匹才有足够充沛的精力去完成训练和比赛。同时，只有营造好马房，才会取得优良环境带来的舒适感、满足感和马房画面的美感等。综上所述，我国还需要加强马术俱乐部硬件——马房及马房附属设施的建设。我国马术俱乐部数量见图 1-4 和图 1-5，马术俱乐部场地设施分布情况见图 1-6。

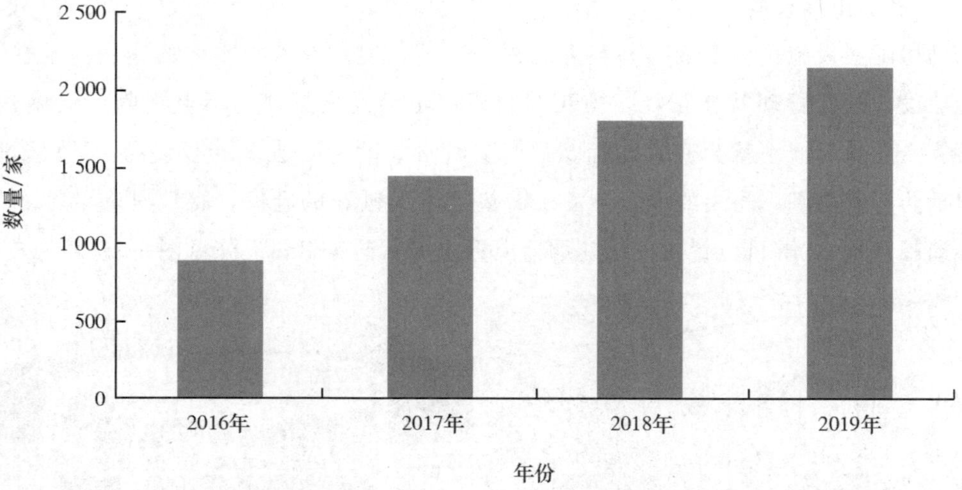

图 1-4　2016—2019 年中国马术俱乐部数量情况

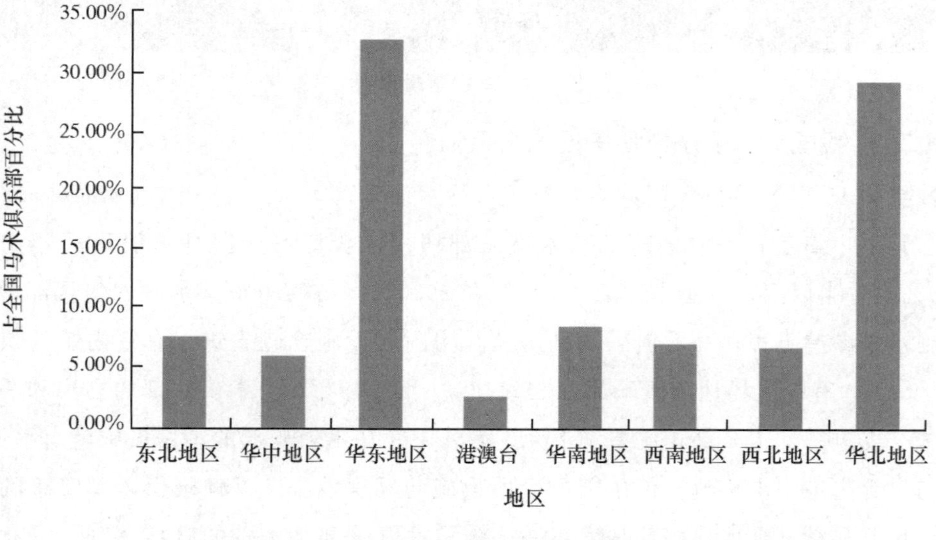

图 1-5　2019 年中国马术俱乐部数量分布情况

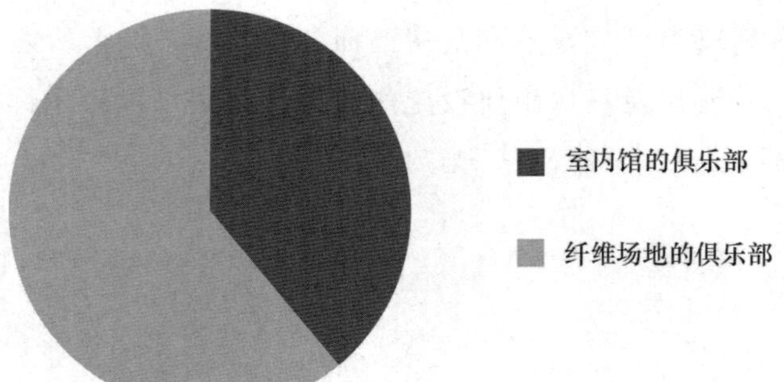

图 1-6　2018 年我国马术俱乐部场地设施分布情况

二、 我国马企业马房管理人才现状

（一） 马术俱乐部马房管理岗位工作

1. 常规检查

（1）观察马匹状态。到马房第一件事就是要观察马匹状态是否正常，抚摸马匹，感受它的情绪；观察马匹在马厩里移动是否顺畅；检查饲槽是否有前夜剩食；马匹粪便是否正常等。

（2）马匹出入马场检查。入运动场前需要检查马匹移动时蹄铁是否牢固；运动之后检查马匹腿部是否有擦伤、割伤、跛行现象；马匹呼吸是否紧促；出汗多少；是否适合立即入厩；高强度运动后，要关注马匹腿部或者关节处是否发热；排便的次数和形态是否正常。如有情况应及时联系医师。

（3）疾病管控。管理不善是导致马匹生病、传染的主要原因，马房管理者对马匹的疾病管控体现了他的核心工作能力。马匹管理者每天要考虑马匹的多个方面，包括锻炼、饮食和马厩等一切与健康有关的因素。若发现马匹生病，要及时进行隔离治疗，防止病菌从一个马房传到另一个马房，在马匹之间传播。管理是防控和阻止传染病暴发的关键因素，因此建立严格的检查制度和保持卫生条件是防疫的重要因素。

2. 饲养管理

一个称职的马匹管理者，必须会评估干草和饲料的质量，确保马厩里的干草清洁且干燥。大批量购买的干草，水分差异明显，长时间存放会出现发霉的情况，发霉的干草会导致马匹消化不良。因此发现干草发霉，要及时挑出并拉出场外处理。要结合马匹运动量适时添加电解质和各种营养配剂。要每天刷洗饲槽、水槽（水桶），每天清理粪便及尿污垫料。保持清洁，确保随时有人看管马厩，防止马匹逃出，也便于及时发现马匹的伤病情况。如果在饲养场范围内或马厩走廊里有逃出或失控的马到处游荡，偷吃草料，互相踢咬等都表明饲养管理存在问题。

3. 马匹护理

马房管理员还应具备完备的马匹护理知识和技能，包括：人马亲和、运动、刷拭、洗浴（淋浴、水洗或游泳均可）、护蹄、被毛修剪、马的保护（国外通用马衣、披毯保护马体）、马的修饰（修饰可使马美观整洁，悍威好）等。

（二） 我国马企业马房管理人才现状

据统计，我国达到一定规模的马术俱乐部已达 2 000 余家，全国有近 30 万名马术运动爱好者。马产业的蓬勃发展使得相关产业人才供不应求。骑师、蹄铁师、驯马师、营养师、马兽医、马房管理等专业技术人才缺口较大，尤其是专业马房管理人才缺口更大。统计显示，72.96％的马术俱乐部有自己的专职马工，18.59％的马术俱乐部有外籍教练，但技术型专职马房管理人才比较紧缺。2018 年我国马术俱乐部人员分布情况见图 1-7。

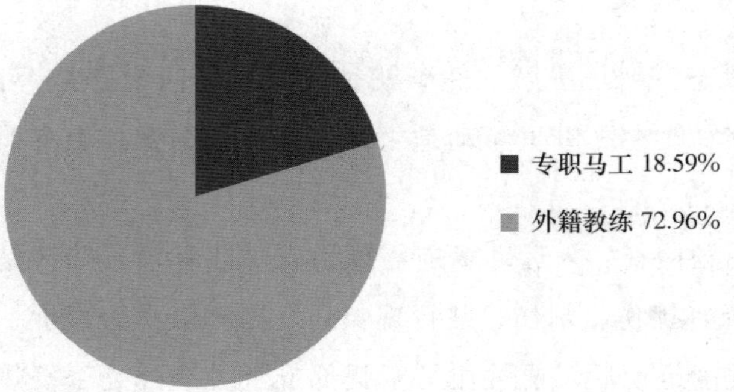

图 1-7　2018 年我国马术俱乐部人员分布情况

学习、培训心得

学习时间			
学习地点			
学习方式			
学习资源		培训人	

【学习摘要】

收获：

签名：

The second part

The second part

第二部分

学徒工作学习任务

The second part

The second part

实训岗位
马房管理

【学徒环境】

学徒实训的马术俱乐部或马企业，要具备一定的现代马企业文化，根据马的品种、性别和年龄规定马房管理岗位任务；马匹达到一定生产规模，拥有设施完备的马房和马房附属设施，且各类马房数量较多，马房管理技术水平较高，在当地马企业具有一定示范带动作用和影响力。

【岗位目标】

面向现代马生产企业，培养拥护党的基本路线，德智体全面发展，具有良好职业道德和法制观念，具备扎实职业发展基础和基本职业素质，掌握现代马房管理技术专业知识和综合职业能力，能从事马房管理岗位工作的高级技术技能人才，能独立胜任马房各生产环节的组织和管理工作。

【知识目标】

一、 职业道德

（一） 职业道德基本知识

1. 热爱企业，热爱岗位工作，严格遵守企业规章制度。
2. 爱护马匹，注重马匹福利。

（二） 职业守则

1. 诚实守信，尽职尽责。
2. 尊重科学，科教兴农。

3. 遵纪守法，爱岗敬业。

4. 团结协作，求实奉献。

5. 规范操作，保护生态。

二、 基础知识

（一） 安全知识

1. 马房管理安全常识。

2. 马房管理设备使用常识。

（二） 专业基础知识

1. 马匹解剖生理知识。

2. 马场环境控制知识。

3. 马匹营养与饲料知识。

4. 马房管理知识。

5. 马匹护理知识。

（三） 相关法律、 法规知识

1.《中华人民共和国劳动法》的相关知识。

2.《中华人民共和国农业法》的相关知识。

3.《饲料和饲料添加剂管理条例》的相关知识。

4.《饲料和饲料添加剂使用规范》的相关知识。

5.《中华人民共和国环境保护法》的相关知识。

【技术目标】

1. 掌握马房管理与环境调控技术。

2. 掌握马匹饲养管理技术。

3. 掌握马匹护理技术。

学徒任务一　马房管理与环境调控技术

数千年来，马匹生活的自然环境主要是世界各地的草原，它们的食物主要是草本植物的地上部分。广阔的草原，直射的阳光和群体生活的习性，构成了马的生物学特性。而在人类驯化马为家畜，掌控它们的生活之后，情况发生了很大的变化：厩舍取代了空旷的地面，建筑物内缺少直射的阳光；原本紧密生活在一起的马被放入一间间互相隔开的厩舍；原本由马自行判断、自行采食的大部分新鲜植物不见了，每天能够吃到的是由养马人定时投喂并决定质量、数量的加工食物。在这一转变过程中，马在某种程度上调整了自己的生理和心理适应性。如习惯采食并消化某些品种的干草，习惯单独生活在一个狭小的空间里。但是，环境基本条件的改变，已经准确无误地将照料马匹的责任转到人类手上，而这种照料的好坏将直接影响马匹的身体健康。

【专业知识准备】

一、马房管理知识

（一）马房管理知识准备

1. 马房布局与规划

马匹和马房管理需要足够的空间，但过多的空间会增加开支。如马厩、室内过道、鞍具、装备、干草、垫料及饲料的储藏空间应尽量安排在同一建筑中。一些功能性用房可分散在不同的建筑里。马房设计首先要考虑的问题就是安全，好的设计和建造能够保护人马安全，防止不必要的危险。应注意以下几点：

（1）马房里不能有尖的凸出物；电源开关和插座都要尽量隐藏；插座也应该换成带有橡胶盖的面板。

（2）马房门和过道都要留有足够的空间，便于人马的安全进出。

（3）建筑设计特点要符合马匹行为。

以地面到天花板的高度为例，低的天花板不仅妨碍马房空气流通，影响采光，造成马房光线昏暗，甚至还有安全隐患。一般情况下，天花板的高度为3～3.7 m，骑乘区的高度为4.9～5.5 m。

（4）防火要求。马房在建造时应使用防火材料、耐火油漆等。马房内禁止吸烟，要有前置的应急防火预案，在有险情发生时能够及时遏制并扑灭险情，尽可能地将损失降到最低。

（5）内部环境要求。马房能保护人马安全和提供舒适的环境，最大限度地减少雨雪、曝晒和强风给人马带来的不适感。夏天的风凉快，但冬天的风刺骨，会把雨雪吹进马房。应根据当地风向，科学合理决定建筑物的朝向。设计内部时还要考虑马厩是单排还是双排，每厩的空间大小根据所养的马来定，如国产马的马厩高 3.5 m，进口体型稍大一些马的马厩高 4 m。如果是双排，中间通道不要过于狭窄。

(6) 环境要求。温度、湿度、通风和气味都是影响马房环境控制的主要因素。天气寒冷时，通风可降低马房湿度，帮助除去异味。马房或骑乘场地的大通风口，在天热时可以辅助降温。

(7) 合适的训练场地。马厩围栏和放牧场需要使用安全、耐用、漂亮的围栏和结实的栏杆保障对马的控制。放牧场要留出足够空间来供人马出入。有效率的规划能减少牵马进出马房的劳动力，对于散养的马匹可以考虑将它们控制起来，因为马场有的地方不允许马匹走来走去。

(8) 水与饲料、牧草。马房和放牧场要全年供应足量、优质的饮水。料房必须是防腐的环境，而且是马匹无法触及的地方。大量的干草最好分别存放在不同的地方，在马房也要临时存放一些，作为几天内便捷的饲草供应。

(9) 特殊功能。包括刷马区或洗马区、运马车存放处、育马区、训练区、办公室、休息厅和住宿区。这些设施可安排在一个建筑物或分别安排在不同建筑物。室内马术馆是马术俱乐部普遍都拥有的。

(10) 节约劳动力。马房工作中有 3/4 是体力劳动，所以不管是什么规模的马场，都希望可以节约劳动力。若规模较大，可实现劳动力机械化。高效的设计可以让马房工作人员在明亮且空气流通的环境里有效率地工作，让他们觉得心情舒畅。在统筹安排分工时，应优先考虑较耗费时间的工作，如饲养、饮水、清厩、垫厩、护理、训练、牵马进出马房等。接下来考虑鬃毛梳理、育种、驱虫、兽医工作、蹄部护理、笼头损坏等。

(11) 马粪管理。提前做好存放和处理大量马粪及马房废品的计划。优先安排与马房废物处理有关的日常工作，确保马粪储存处不会导致环境污染（如废物流进附近的河里），马房不会受到气味和昆虫的滋扰。

(12) 排水。把相关设施安排在便于全年充分排水的有利地方。合理的排水要充分考虑表面水流和地下水，可以利用分层排水和地下排水来解决其他排水问题，排水沟要有滤污器。不合理的排水会导致设计良好的设施无法充分地使用。

(13) 建造与维护的费用。建造马房选择的建筑材料和建筑设计要耐用、便于维护。应长远考虑会产生的费用、将来的广告价值以及可以让人感到骄傲和满意的无形价值，所以综合来看高质量的建材更经济划算。

2. 马厩的建造

马厩应结实，成本低，利于机械化操作，符合卫生要求和技术标准。应充分考量对建筑材料的质量，各部分的合理施工（地基、墙、地板、天棚、窗、大门）以及通风设施的设计。

（1）马厩的布局。

①单列式马厩。厩内马间排成一行的横列，一面为通道。每厩可容纳 20 匹马。

②复列式马厩。厩内排列成相对两列，中间为通道。特点是容纳马匹较多，便于管理。

③统式马厩。厩内不分马间，构成一大间宽阔的群居马厩，或者分割成 2～8 个大间。

④混合式马厩。兼以上两个类型建筑而成，如复列式或统式。

⑤楼式马厩。节约用地，建二层楼式马厩。

部分马厩布局如图 2-1 所示。

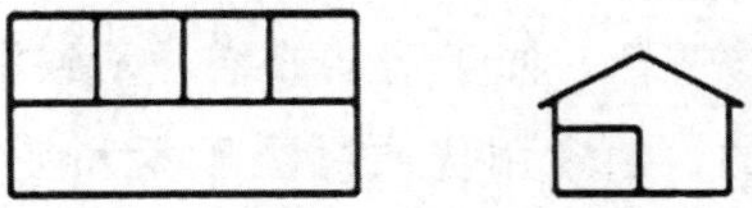

1）单列式马厩（工作过道两种：有屋檐遮挡、封闭式过道）

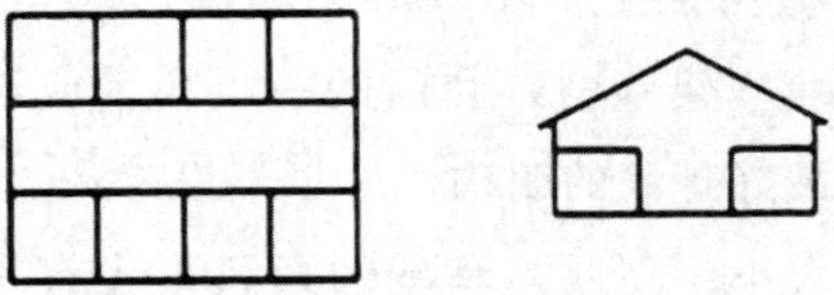

2）复列式马厩（中间有过道）

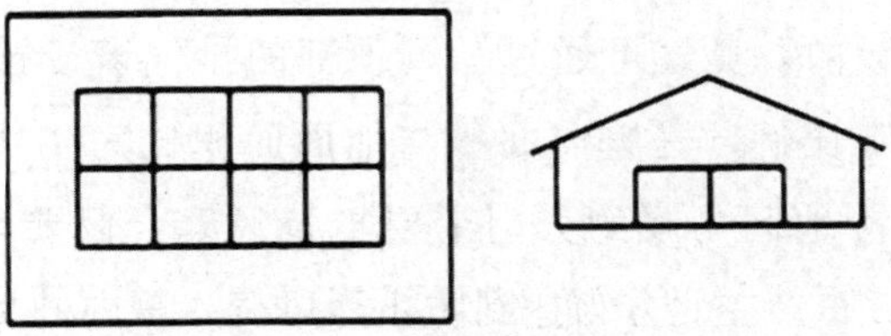

3）统式马厩，两排马厩背对背

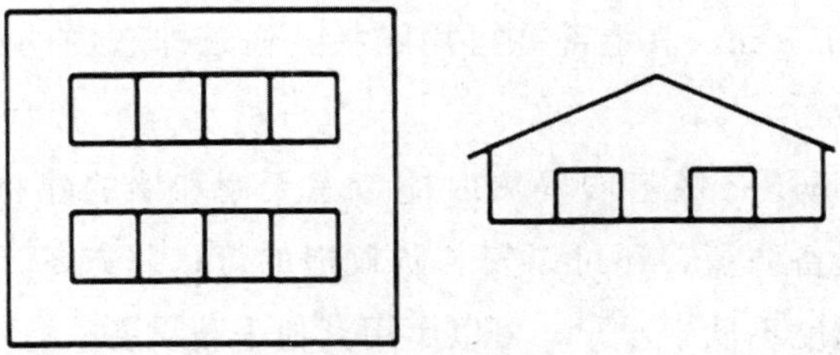

4）统式马厩，两排马厩中间有过道

图 2-1　部分马厩布局

（2）马厩的类型。马厩的类型有多种，大体上可分成开放式（半开放式）和封闭式两种类型。

①开放式。是最经济的一种厩舍。这种厩舍也比较符合马的生物学特点。但开放

式马厩也有很大缺点，在冬季天气寒冷时无法保暖，特别不适用于寒冷的北方；在南方冬季虽无太大的影响，但在夏秋季节易使马匹受蚊蝇的干扰。

②封闭式。封闭式马厩无论在寒冷地区，还是在温热地区，对马匹来说都是比较好的建筑。它可以给马以最大限度的保护，在北方可抵挡风寒，在南方可防太阳辐射。马厩最适宜的温度是6～12℃，冬季如果马厩保温情况良好，马体自身散热就可以保持温暖。采用封闭式厩舍厩内小环境也容易控制，马厩的排列可分单列式和多列式两种。马匹少时可用单列式，马匹多时可采用头对头的双列式或多列式，屋顶可为脊顶或平顶。

(3) 马厩建筑环境卫生要求。马厩最适宜的温度是6～12℃，相对湿度60%～80%。为了满足马厩的环境要求，马厩厩舍以长3～3.5 m，宽3～3.5 m，面积10～12 m^2为宜，厩舍高度一般为2.5～3 m。

(4) 马厩地面。地面以无渗透性，便于清洁修缮，不致滑倒者为好，一般使用混凝土、方砖，还有使用橡胶垫的，通常用优质黏土压紧和平实，如有凹洼也易填补。马厩地面应当每2～3年彻底翻修一次，其表面应有一定的缓斜度，以便于排水，但坡度也不能太大，一般前高后低保证10～15 cm的坡度，水泥和砖石均非合理的厩床。排水道可位于远离马饲槽、喂草架（网）和门的一个角，或设在单间外面。在马厩中间通道的两侧应设排水沟，最好是浅的明沟，尽量不设暗沟。

(5) 马厩门窗。门窗的大小、高低与马厩的通风采光有直接关系，厩舍内应有合适的光线。厩舍内的采光取决于窗的面积，窗有采光及换气两种，亦可二者兼用。新鲜空气可通过门窗进入厩内，臭气可通过马厩顶部的排气窗或排气孔排出。窗的总面积须与厩内的面积呈一定比例，马厩窗面积与地面面积比为1∶(10～12)，窗离地面1.5～1.8 m。在北方寒冷地区马厩的大门主要抵抗风寒，门要严密，最好用滑动门，门高约2.5 m，宽约1.2 m。在北方为达到防止烈风袭入厩内的目的，可在门外加设挡风间，一般高2.5～2.8 m，宽2.8～3 m，长2.4 m以上。每间马厩之间的隔板用厚木板或水泥，高1.6～1.8 m，其上部亦可用隔板。通道即厩内的甬路，应和厩床同高，平而广，宽2.5～3 m。

(6) 马厩的防寒防暑。在建设马厩时应考虑天棚和墙的建材，以便防寒防暑，最好用电风扇和空调设备防暑，还可以安装防蚊蝇的灯；北方冬天寒冷，可以在马厩添加暖气。只要厩舍温度不低于6℃，可以不用其他采暖设备。

(7) 水与电源。每栋马厩都要有水阀和电闸，根据具体情况可每2个单间设1个水龙头。所有电源设备必须安置在马触不到的地方，照明灯要位于能给予最大光照亮度的位置，灯外面要装防护装置，开关应采用防触电开关，并位于厩外。在日常工作中要注意及时关水、闭电，及时检修水电设备，防止长明灯或长流水，加强事故隐患排查。

(8) 固定装置。马厩内的固定装置不宜太多，以免影响马厩整洁。

①拴马环。每个单间内设1个拴马环，但必须固定牢固。

②饲槽。饲槽有固定式及移动式两种，均须坚固耐用，无棱角，便于清洗。固定槽可用水泥砌成，移动槽一般用木制及马口铁制，有椭圆及圆形两种，每马应有一槽，槽高因马体大小而异。自饲槽口至地面80～120 cm，上宽40～50 cm，底宽30～40 cm，深30～40 cm。移动槽则系于适度高的房壁。马饮水以马口铁水桶为宜，也可以采用自动饮水器，在马房内应有供水设备。

③草架。用喂草架给马喂草，可减少草的浪费，是一种比较好的饲喂方法。喂草架用铁条制成，固定在单间的一角或墙壁旁，其高度应根据马的体高而定，一般以不碰马体，马稍抬头即可采食为宜。不可太高，否则马仰头吃草时草中的草籽和灰尘会落于马的两眼。此外也可使用网兜。

(9) 马厩附属设施。马具及饲料室应分别各占一室以贮藏鞍具、马具、饲料及其调制用具。其大小因马数而异，马具室大些，可兼供工人值班休息之用。

①草料室。草料室应与马厩分隔开，以防止灰尘进入马厩或避免火灾隐患伤及马匹。草料室要通风良好、地面干燥、防潮，可用木板或石条等垫在地面上，将草整齐垛在木板和石条上与地面隔开。

②鞍具室。鞍具室要干燥防潮，大小应以能装下所有需要的马具等物品为宜，设置固定的鞍具架或落地鞍具柜等。

③贮粪坑。粪便是各种传染病的源泉，及时清除厩内粪便，具有重要的预防疾病意义。贮粪坑一般呈支形，地下深度为1 m。贮粪坑与马厩的距离为50～100 m，距离居民区不少于100 m。设置地上贮粪堆也可起到消毒作用，粪堆高1.5～2 m，宽2 m，长度根据粪便的数量而定。

④消防设施。在马厩和草料室都要有足够的灭火器具，其数量应依据马厩和草料室面积，由专业消防人员指导而定，在醒目位置要设置禁烟、禁火标志。

⑤运动场或休闲场。马匹生性好动，特别是运动用马，每天都要有适当的活动，即使正常调教或训练之外也不应限制其自由活动，轻微的活动比呆立不动更利于消除疲劳。如果马匹整天待在厩内不活动，长此以往会使马匹养成各种恶癖，如啃物、晃头、刨地等。此外长期不活动的马也容易胃肠功能减弱，易患四肢病和蹄病等，为此在建造马厩时要充分考虑马匹的运动场地，最好有大小两个运动场。小运动场（即小沙圈）呈圆形，半径5～10 m，围栏（或围墙）要坚固，高1.8 m左右，以防马跳出去。马匹在初期调教时，可在小沙圈内进行，有条件可建造一个电动遛马机的练马圈，在圈内每匹马之间由隔板隔开，圈的大小可根据需要而定，一般最多可容纳6匹马，用于马匹的辅助训练或进行某种目的的训练，对于经常不活动的马每天要放到大沙圈或休闲场（又称逍遥运动场）去自由活动。休闲场的面积可大些，具体根据马匹数量

和实际条件而定，每匹马不能少于 20 m^2 的活动面积，用沙子作地面，马匹可自由活动、沙浴、晒太阳等。运动场的地面在干旱季节要经常洒水，雨季要注意排水。

此外如饲料调剂室、饲养员休息室、工具室、装蹄室、伤病处置室以及刷拭和洗浴马匹等地可根据实际条件和需要考虑修建。

马厩应每月消毒一次。饲槽、水槽应经常刷洗晒干，每天清理粪尿，厩内要铺垫草，既吸湿又保暖，且多积优质厩肥。具体马厩室内设施和马厩见图 2-2。

（二）马房管理日常工作流程

作为马房管理员首先要根据当地作息时间和马房工作内容制订马房工作流程，现以新疆乌鲁木齐市马术俱乐部的马房日常工作流程为例做参考。

日工作：

7：50—7：55　白班马夫上班向马房主任报到，与夜班马夫交接工作。交接事项：夜班马夫向马房主任反馈夜间马匹进食状况、精神状况及排便情况。

7：55—9：00　白班马夫在马房主任的安排下开始清洁马房。清洁项目：马匹牵出马房，彻底清理马房里的马粪和马厩湿垫料，根据实际情况判断是否需要添加新垫料并重新铺平；更换马匹饮用水，倾倒剩料，给马匹换上新草料和饲料，将马房清理出的马粪和污垫料放入马厩走廊，用运输工具集中运走。马房管理员观察马匹健康状况，查看马体是否在夜间受伤，马厩清理完毕把马匹牵回马厩。

9：00—10：00　先安排马匹的饮水，再安排饲喂马匹。包括饲喂干草及精饲料并掌控饲喂量，另外按安排饲喂个别需要添加其他饲料（燕麦、胡萝卜、鸡蛋、维生素等）的马匹。马厩饲养员巡视整栋马房马匹饮水、吃草料和饲料情况。

10：00—11：00　骑手和教练上班，打理和清理自己管辖的马匹与马房卫生（职业骑手除外），同时根据自己当日会员约课情况提前准备上课时所用马匹、鞍具、水勒、汗垫、平衡垫、肚带、低头革、沙邦、短鞭及马刺，打圈时用的调教鞭、调教绳，向前台或学员对应的马术顾问了解学员骑术水平，做好相应的教学计划。没有课的教练清理各自负责的马房，如所负责马匹有健康问题应立刻向马房经理汇报。

11：00—13：00　没有课的教练和骑手根据总教练的安排进行对应马匹的平地骑乘训练、障碍骑乘训练、打圈训练，没有工作任务的马匹放入自动遛马机或放牧场，以上马匹都会在备马区由专业人员打蹄油及精心护理，并根据兽医师医嘱进行医学护理。除职业骑手和马主的马由自己或总教练安排的教练完成平地骑乘训练与障碍训练外，剩余马匹都由俱乐部的马工去完成自由活动和护理。所有马匹训练完后都会扣蹄和用凉水冲腿，具体时间根据训练强度决定，夏季还会给马冲凉。个别马匹需要在硬化路面牵遛，由所对应教练决定，由教练本人或马工进行牵遛最少半小时。以上马匹活动区域所产生的马粪由使用者及时清理，训练后的马匹如有问题应及时反映给总教

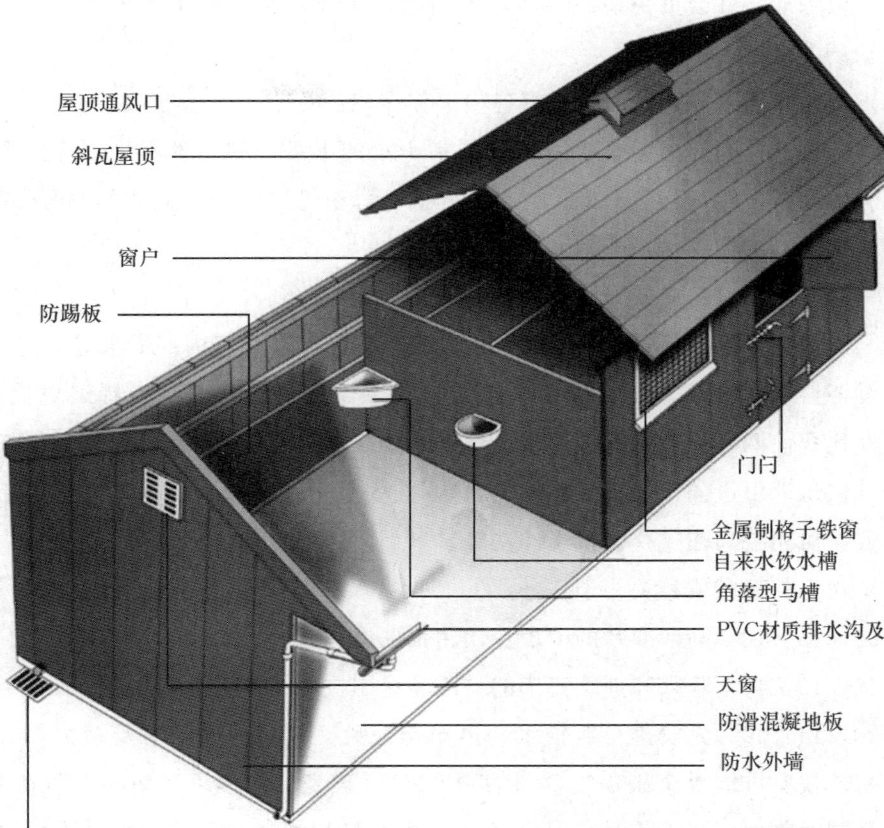

图 2-2　马厩室内设施和马厩

练。有课的教练准备好会员骑乘的马匹，包括刷拭干净，装备好骑乘设备，陆续牵出马房去运动场等。

马匹走出马房骑乘和训练后，马厩各项工作详述：

(1) 饲养员准备马匹中午饲喂草料。包括干草的准备，如储量不足则需到仓库领取；精饲料的准备，添加辅料的准备，如糖、油、蒜粉等（12：00 拌料），每天清洗料槽和水桶。

(2) 马粪巡铲。马房应随时巡检清铲，保持马房卫生。

(3) 马房周边卫生的保持。包括各马房的卫生包干区，马房内部下水道的清理。

(4) 马匹钉蹄、护理。按安排在规定的时间牵需钉蹄的马匹到钉蹄组更换蹄铁；参赛马匹在比赛前两日检查蹄铁质量，以及根据比赛场情况（沙地或草地）更换相对应的蹄铁（俱乐部引进的比赛马匹都用热钉）。按安排牵生病或受伤马匹到兽医组进行治疗；按安排对相关马匹进行刷拭、冲洗等。

外派工作：外派完成相关公干任务。

13：00—13：10　马匹剩料的清理及饮用水更换补充。

13：10—13：40　骑乘和训练完毕的马匹经过刷拭陆续返回马房休息。

13：40—14：40　先安排马匹饮水，再安排饲喂。包括饲喂干草及精饲料并掌控饲喂量，另外按安排饲喂个别需要添加其他饲料（燕麦、胡萝卜、鸡蛋、维生素等）的马匹。马厩饲养员巡视整栋马房马匹饮水、吃草料和饲料情况，饲喂结束后打扫马房走廊。

14：40—15：55　马匹在马房休息。马房主任安排中午值班人员并提前交代下午相关工作安排。中午值班人员巡视观察马匹进食、排便情况，发现问题及时通知马房主任或练马师；保持马匹有充足的饮水；夏季高温需给需要的马匹冲凉。

15：55—18：25　教练和骑手根据马术俱乐部和马场下午工作安排，准备好会员骑乘的马匹，包括刷拭干净、装备好骑乘设备、陆续牵出马房去运动场；按照练马师或马房主任的安排牵遛其余没有安排会员骑乘和上午没训练的马匹及基础训练，保持相关马匹的活动量；安排对相关马匹打圈训练。马匹走出马房骑乘和训练后，马厩各项工作同上午。

18：25—18：35　马匹剩料的清理及饮用水更换补充。

18：35—19：05　骑乘和训练完毕的马匹经过刷拭陆续返回马房休息。

当天所有室内场地与室外场地训练结束后，由总教练安排教练组进行场地平整与场地洒水。多数俱乐部采取拖拉机牵引耙子的方式平整场地，平整场地是每天马匹训练结束后必须完成的一项工作，场地是否洒水，应根据场地湿度与扬尘情况而决定。

19：05—20：05　马匹先饮水，包括饲喂干草及精饲料并掌控饲喂量，另外按安排饲喂个别需要添加其他饲料（燕麦、胡萝卜、鸡蛋、维生素等）的马匹，饲喂结束后打扫马房走廊。

20：05—20：15　白班人员与夜班人员进行工作交接，包括相关生病马匹的夜间饲喂及情况观察交代，其他相关事项通知。

20：15—23：00　巡铲马粪；马匹饮用水补充更换；准备马匹夜间饲喂的草料；马匹状况巡查、发现问题及时报告。

23：00—23：30　按交代饲喂马匹，饲喂干草，饲喂结束后打扫马房走廊。

23：30—次日07：50　马房安全巡查及马匹状况巡查，发现问题及时上报。

07：50—07：55　向马房主任报告夜班相关情况，与白班人员交接工作，确认后方可下班。

周工作：每周按安排粉碎搅拌一星期精饲料，储备干草。

每周按安排对马房进行消毒。

每周按安排清理马房内部下水道。

每周按安排清洗马匹料盆及其他工具。

月工作：每月按安排清理马房外污水沟。

每月按安排领取劳保用品及日常工作工具。

每月按安排保修相关工具设施。

二、马房管理技术规程

马房日常管理总的原则是尽可能设法满足马匹的生理需要，给马匹创造舒适的环境条件，而不是以人的生活便利出发安排管理工作。马匹日常管理工作要有严格的制度，全天的操作必须按工作日程进行，严格遵守，不得随意变动，要按时、按质、按顺序完成各项操作，马房也需要精心呵护，每天清晨要清理一次。清理马房是一名合格骑手和马房管理员的必备技能。只要马在马房里，骑手和马房管理员就要保证马房的干净。不干净的马房不仅会散发马粪的臭味，吸引各种虫子，还会导致马匹感染马蹄病；如果马尿长期积存在马房里，而骑手和马房管理员没有及时清理脏的垫料，马匹吸入尿液散发的氨味会对肺部有害。因此，每天至少清理马房两次，最好能保证三次。为了保持厩内干燥，应以清扫为主，减少用水冲洗的次数。马房清理步骤如下：

（一）马房清理用具的准备

粪叉、刷子、水桶、手推车、铁锹、扫帚、手套和新垫料（刨花、干草、稻壳等）等。粪叉用于铲除马房地面马粪；铁锹用于铲除湿垫料和整理、翻找藏在垫料里的马粪，马房里的垫料都要被翻一遍，并用铁锹补加新垫料和铺平垫料；扫帚用于扫除马房里的废垫料和马粪；推车用于运走马房里清除完毕的马粪和湿垫料；清理时，佩戴手套可以防止清理马房时手磨伤，可以穿橡胶靴而不至于弄脏马靴。见图 2-3。

图 2-3 马房清理用具

（二）马房清理技术规程

马房清理的作用：保持马房卫生；预防马匹疾病，增进马匹健康；降低有害气体含量；防止马匹外伤；使马匹得到充分休息。因此，清理马房时要遵行相应的技术规程。

1. 牵出马匹，拴马

彻底清理马房时，马匹必须离房。一是为了保障人马安全，二是方便操作。如果只是简单清理一下马房，马匹可以不离开马房，但需要尽量使马匹保持安静；彻底清理马房时，将马匹牵出马房后，一定要将马匹在走廊拴系好，具体操作如下：

骑手或马房管理员走进马房，正确接近马匹，站在马匹左前方，可先用牵马绳带住马颈，防止马头乱动，然后提起笼头，穿过马口鼻部，然后将后颈带按照马头大小长短束好即可。见图 2-4。

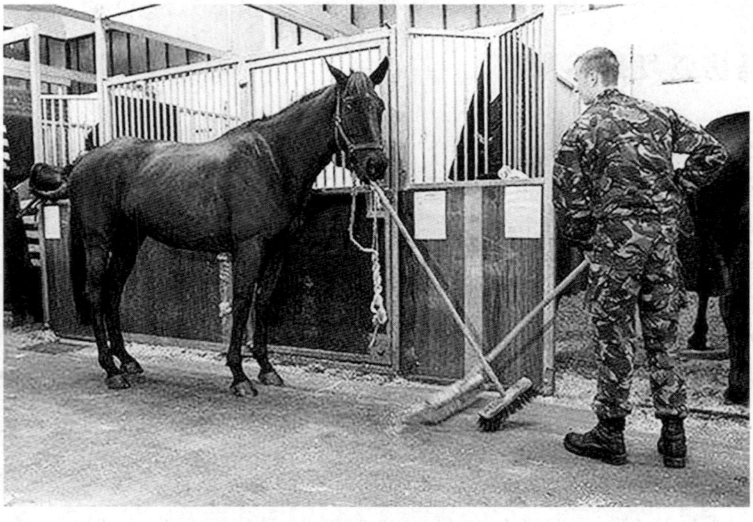

图 2-4 马匹拴系在马房走廊

2. 清洁残余饲料

骑手或马房管理员从马房牵出马匹，拴在走廊，走回马房，把马房内未吃完的草、料全部清理到马房外的推车上，也可以放到马房门口，以待集中清运，不要有残留，避免发霉变质后被马匹误食，影响健康。

3. 清理马粪

骑手或马房管理员拴好马后，将清理马房所用的工具准备齐，并将推车推到马房门口，调整推车方向至当推车满时骑手或马房管理员即将去的方向，推车空时比满时更好控制。骑手或马房管理员进入马房，用粪叉把马房垫料表面的马粪铲下来放到门口，完成初步清理垫料表面马粪的工作。见图 2-5。

图 2-5　清理马房马粪

4. 深度清理

彻底清除剩余马粪和垫料还需要进行以下步骤：骑手或马房管理员站到马房门口，由门口开始向里，用粪叉向除了门那一边的三面墙方向翻垫料，边翻垫料边找马粪和湿垫料，形成向三面墙堆出高于马房中间的状态，将翻找到的马粪清到马房靠门空白处，翻的过程中遇到湿垫料需用铁锨把其铲到马房靠门空白处，所有垫料都要翻一遍。将集中在马房门口的马粪和湿垫料用铁锨堆放到马房外的小推车上，也可以放到马房门口，以待集中清运，下层及周边清洁的垫料可以保留。当一车装满后，将推车推到指定区域，将马粪倒掉。注意一车最好不要装太满，否则骑手或马房管理员可能一边推一边掉，还要再浪费更多时间清理掉出的粪便。清理马房直至完全干净，注意要检查马房内部的四角、四边和底层，不能只检查马房中央的表层。见图 2-6。

图 2-6　深度清理马房

5. 铺垫料

垫料的作用：鼓励马匹卧下休息；为马匹提供干净舒适的休息环境；避免马匹卧下和滑倒时受伤；保持马匹健康，体表干燥清洁；吸收水分，减少氨气气味。马匹躺在垫料上休息见图 2-7。

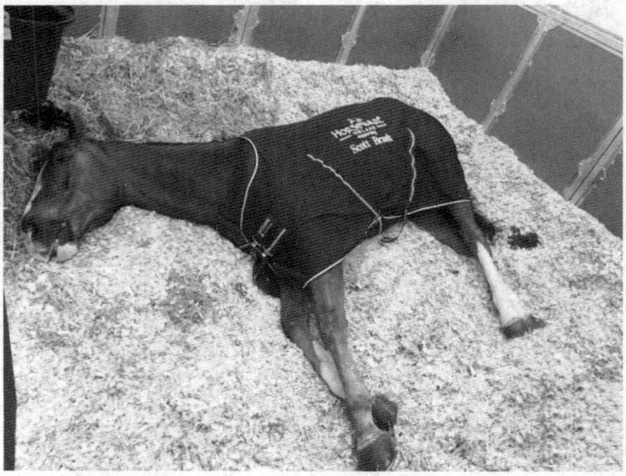

图 2-7　马匹躺在垫料上休息

(1) 垫料的选择。垫料的种类：干草、报纸屑、锯末、刨花、稻壳、麦秆、橡胶垫等。垫料的选择要因地制宜，目前国内大部分俱乐部使用的垫料多为稻壳和刨花。

①稻草

优点：稻草是传统的垫料。良好的麦秸是优秀的垫料。稻草相对便宜，很容易清理，看上去温暖、惬意和舒适，适合马驹，因为它不会堵塞马驹的鼻孔，同时也是很好的肥料。

缺点：稻草灰尘大，尘土飞扬的稻草会引起呼吸道疾病；一些马还会吃草床，这可能会导致其体重增加。厚垫料经济实用，但打扫时会增加劳动量，还有不愉快的粪臭；打包的稻草会板结、变脆，影响其耐久性，降低其价值。见图 2-8。

图 8　稻草

燕麦秸秆和小麦秸秆最为常见。燕麦秸秆适口性好，但价格贵一些，遇水很快就会变得饱和，吸水性好，但它可能存在能引起过敏性咳嗽的灰尘。小麦秸秆不适合对灰尘过敏或有呼吸问题的马，它灰尘较大，质量差，也会发霉，不方便存储，且干燥需要大量的空间。

②刨花

优点：容易打扫，吸水性较好，袋装方便储存，致敏性低，马不会吃，可以帮助其控制饮食，经济实惠，不过专用的刨花会很贵。

缺点：蓬松的刨花灰尘较大（袋装灰尘相对较少），使用后需要长时间的分解，一般采用焚烧处理。

最受欢迎的是松木刨花，一定要避免刨花中包含任何黑胡桃木，这对马来说是有毒的。许多家具厂、木材加工厂的刨花中含有甲醛等化学物质、垃圾和锋利的碎片，购买时要注意挑选。见图 2-9。

刨花

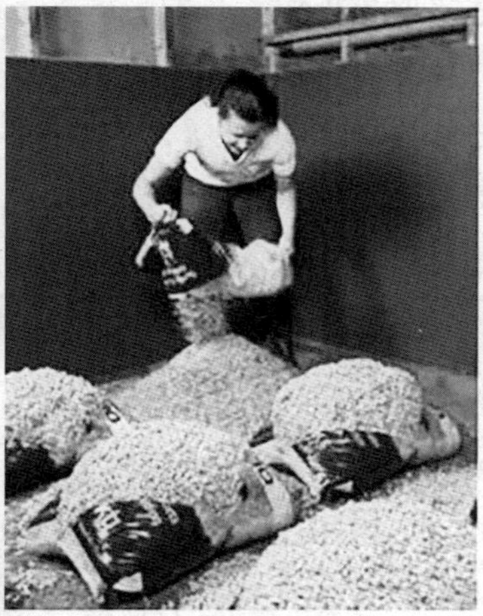

刨花铺马房

图 2-9　刨花

③锯末

优点：广泛使用，吸水性好；松木锯末有较好的气味和外观，可以购买袋装，便于少量处理和运输。

缺点：锯末容易产生飞扬的尘土，微粒可能刺激呼吸道，必须妥善存储，保持干燥。来源必须可靠，要排除金属碎片和其他碎片，必须不包含黑胡桃木产品。湿锯屑附着在马和马衣身上不好打理。见图 2-10。

图 2-10　锯末

④稻壳

目前中国最常用的垫料之一（图 2-11）。

图 2-11　稻壳

优点： 水稻作为中国最广泛种植的农作物，产量很大，因此稻壳拥有绝对的价格优势，便宜且灰尘相对少，对马的呼吸系统影响小，呈蓬松的颗粒状，易清扫。

缺点： 吸水性较差，有些马会吃稻壳。

⑤木质纤维

优点： 环保，灰尘少，有支撑性，渗水性好，做垫料可使地面温暖舒适。

缺点： 产量小，价格较高，高吸水性导致清理不便。

⑥粉碎后的报纸、纸板

优点： 便宜，不会导致呼吸问题；不致敏，赛马场会特别为过敏的马准备这种垫料；环保，分解速度快，撕裂成长条的报纸很柔软，不会导致受伤。

缺点： 用量较大，要勤更换，潮湿的报纸长条会黏附在地上，很难分离出粪便，不易清理。

要选择天然油墨印刷或没有印刷过的报纸，如大豆油墨，否则可能中毒。见图 2-12。

⑦木球

优点： 经过热处理和压缩的白色木质纤维产品，由非烘干木材（通常是冷杉、桤木或松和很少的雪松）制成。遇水膨胀，可以吸收比普通刨花多九倍的液体。环保且没有灰尘。通常分包卖，容易储存。一些品牌的颗粒含沸石添加剂，天然矿物沸石可以吸收氨气，减少空气中的氨含量，帮助控制气味，从而帮助缓解呼吸道问题，还能减少对马蹄的腐蚀。

缺点：干硬的木球很滑，在极其寒冷的天气会降低木球的吸水性。马房清洁工人需要经过训练，才能掌握正规的清洁方法。而且一定要选用没有胶或化学添加剂，100%纯天然的木材产品。见图 2-13。

图 2-12　纸板

图 2-13　木球

⑧麻、亚麻和油菜籽

优点：吸水性好，柔软，无尘，分解速度快，可生物降解。

缺点：价格昂贵，且不能食用，可能导致马匹肠胃肿胀。

⑨胶垫

优点：运营成本几乎为零，完全不含尘土。排水良好，安全性高。软橡胶可以降低受伤的风险，给马一个缓冲，容易打扫。

缺点：初始成本较高，需要很好的排水系统，有效稳定的排水系统是至关重要的。可配合其他垫料使用，在胶垫上铺稻草或刨花有助于吸收粪便。如果不配合其他垫料使用，就需要及时清洗橡胶垫，特别是下面，防止氨的聚集。见图 2-14。

图 2-14　胶垫

（2）铺垫料原则

三高一低原则：没有门的三面靠墙垫料厚度高约 45 cm；中间平均厚度约 15 cm；三高一低的优点是马粪更集中，易于清理，节省垫料；预防马匹卧倒或翻滚的时候卡在墙角，翻不起身而发生意外伤亡事故。

平均厚度达到 15 cm 以上时，马匹的尿液会向下渗漏，垫料表面可以保持清洁，减少氨气味的扩散，也更容易清理，节省垫料。

铺满或铺到马房面积的 2/3。垫料铺满马房更方便马匹休息；1/3 空出的空间，方便马工清理马房、添加水和草料。

2/3 和 15 cm 这个数据是马房管理员参考 3.8 m×4 m 的马房大小得出的数据，根据不同的马房面积和不同的垫料材质可以适当做出调整。以上所述靠墙三面均为没有门的三面墙；垫料铺设 2/3 均为空出门口的一侧。

（3）铺垫料方案

方案一（全天垫料铺设面积为马房的 2/3，厚度不变）

垫料铺设要求：马房全天垫料铺设面积为马房的 2/3，靠墙三面厚度约 45 cm，中间平均厚度约 15 cm。

优点：相对节省垫料，方便马工清理和添加水或草料。见图 2-15。

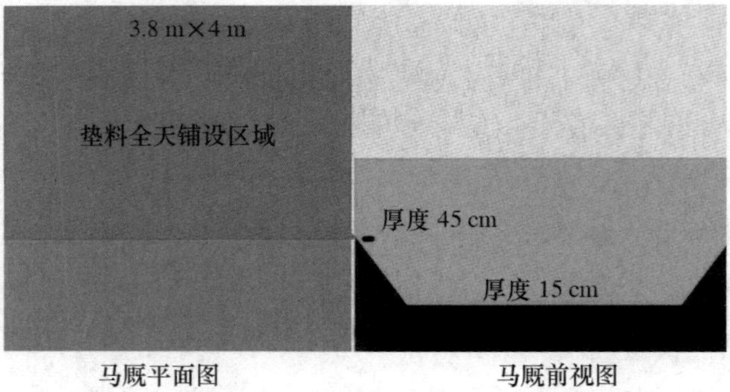

图 2-15　方案一（全天垫料铺设面积为马房的 2/3，厚度不变）

方案二（白天垫料铺设面积为马房的 2/3，晚上铺满整间马房；厚度不变）

白天：垫料收起铺满马房的 2/3，靠墙三面厚度约为 45 cm，中间厚度约 15 cm。

晚上：垫料放下铺满整间马房，靠墙三面厚度约为 45 cm，中间厚度约为 15 cm。

优点：方便马匹休息，减少马匹擦伤的可能。见图 2-16。

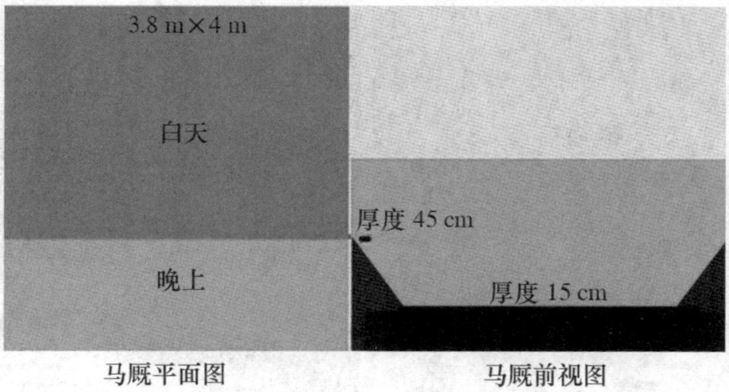

图 2-16　方案二（白天垫料铺设面积为马房的 2/3，晚上铺满整间马房，厚度不变）

方案三（全天垫料铺满马房，厚度不变）

马房全天垫料铺满马房，靠墙三面厚度约 45 cm，中间平均厚度约 15 cm。

优点：保持马房清洁干燥，马匹休息更舒适。见图 2-17。

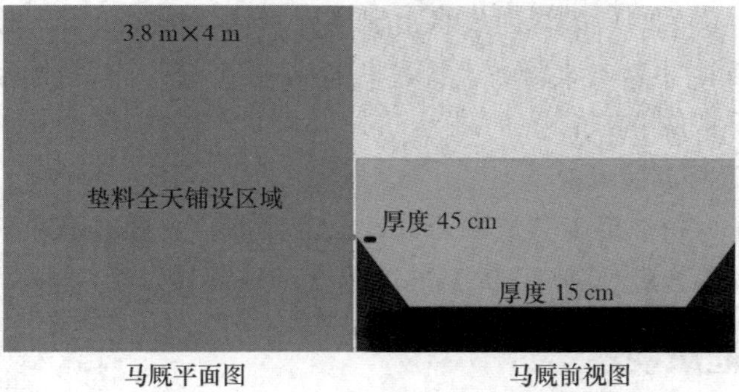

图 2-17　方案三（全天垫料铺满马房，厚度不变）

(4) 铺垫料规程

清理马房之后将剩下的垫料与新垫料按需要用铁锹混合在一起，按照马房主管要求的厚度及范围用铁锹铺平垫料，并确保马房内各处的垫料厚度一样。将垫料耙疏，使之分薄厚，通常情况垫料的中间厚度平均为 10～20 cm，垫料三面靠墙厚度要达到 35～45 cm，铺垫的范围为马房内侧的 2/3～3/4，也可完全铺垫。最好不要将整个马房都铺满垫料，铺整个马房 3/4 的区域，剩下的一小部分留给水盆、料盆等。垫料的厚度取决于马房的地面情况和天气。如果马房内部铺有橡胶垫，垫料可以少加；如果马房是水泥地，垫料应稍厚，尤其是寒冷天气；沙坪地对马腿更好，但是如果垫料不够，尿液很快会浸透沙坪。当清理完马房并铺好垫料后，用扫帚将马房门口零散的垫料扫起，并将马房门口的区域清扫干净。如果是干草做垫料，要采用连续半压铺垫法，即从马房一侧开始铺放第一份垫草，而后每份垫草需盖在前一份垫草一半的位置上，依次向后铺垫，似鱼鳞状，使垫草之间产生交叉缠叠，增强垫草的弹性和完整性。如果需要加厚铺垫可进行多层连续半压铺垫。见图 2-18。

图 2-18 铺垫料

6. 水桶清洁与加水

垫料铺完后，骑手或马房管理员将水桶拿到水房，用刷子将水桶里外刷洗干净后接水，水接至水桶容量 2/3 处即可，然后将水桶拿至马房，放到固定地点。如果是自动饮水盆，只需要将盆清洗干净即可。

7. 清理马房工具放回原处

将粪叉、刷子、扫帚等工具放回原处，整齐摆放。然后用手推车将剩垫料和马粪运送至堆粪场或其他垃圾处理处，最后将手推车和铁锨放到原处。

三、 马匹健康观察

马房管理员或骑手进入马房应仔细观察马匹状态、营养、被毛皮肤、体温、呼吸、采食、粪便、尿液等生理状况，以便及早发现病情。

（一） 观容态

健康的马匹被毛光泽、肌肉发达、两眼有神、耳尾灵活、全身各部匀称、四肢动作轻健有力。

1. 精神状态

马对外界刺激反应灵敏，如发现过度兴奋（惊恐不安、攀登饲槽、乱冲撞）或沉郁、萎靡（呆立不动、头低耳耷、眼半闭、反应迟钝、嗜睡）则统属病态。

2. 姿势

健康马终日站立，偶尔伏卧。有生人接近自动站立，若患病状态会表现出各种异常姿势。

3. 营养

营养状况与机体代谢和饲养管理有密切关系。营养良好的马匹轮廓丰圆，结构匀称、骨不显露、皮肤富有弹力、毛短而有光泽。营养不良的马则骨骼显露、肋骨可数、轮廓棱角突出、皮肤干燥、缺乏弹力，被毛粗乱无光泽。如马匹消瘦，饲养员应了解其消瘦发展过程的时间长短及部位。

（二）观被毛及皮肤

1. 被毛

健康马被毛平整光泽、美观、平整致密，而不易脱落。病理状态下，粗乱无光、脆弱易脱易折，换毛延迟及局部被毛脱落。

2. 皮温

健康马的皮温（随外界的季节、气候，体表部位的不同而异）以股内侧为最高，头、颈、躯干部次之，尾及四肢最低。胸壁为 35 ℃，系凹部为 14 ℃。唇、耳、鼻则常温热。马兴奋，天气炎热时皮温升高，反之则降低。可触诊马的耳根、鼻端、颈侧、腹侧及四肢系部来发现马的皮温是否有异常增高、降低或分布不均的现象（一耳冷一耳热或时冷时热）。

（三）看眼结膜

正常为粉红色，其他颜色皆为异常。流泪、有眼眵（眼睑分泌的黄色物质）皆为病态。

（四）测体温

健康马体温 37.5～38.5 ℃，骡驴 38～39 ℃。体温通常保持恒定，一般昼夜温差不超 1 ℃，波动以清晨最低，午后稍高。老龄偏低，幼龄偏高。发烧时会表现出热候：恶寒战栗，皮温分布不均，末梢冷感，呼吸、脉搏增数，消化紊乱，食欲下降，尿量减少等。

（五）查脉搏

马可检查下颌动脉，40～45 次/min（体温每升高 1 ℃脉搏增加 8～10 次）为宜。

（六）观察呼吸

马呈胸腹式呼吸，一般吸气短呼气长，时间比为 1∶1.8，鼻孔呼吸气流均等，稍有温热感。在安静状态下马的呼吸数为 8～16 次/min。据统计，西北地区海拔 3 000 m，气温 20 ℃时马的呼吸数增加 2～3 倍。海南地区平均 30 次/min。如发现胸式（胸部起伏大）或腹式（腹部起伏大）呼吸，鼻孔开张，有鼻液或异常声响，呼出气体温度过冷过热皆为病态。

（七）观食欲与消化

食欲的好坏依采食快慢、咀嚼是否有力及采食量而定。如发现采食量明显减少，采食缓慢或不愿采食，食欲时好时坏，或完全拒绝采食，还有异食癖（即采食平时不吃和不应该吃的东西，如煤渣、木片、碎布、塑料、动物粪便等）皆为病态。健康马的口唇闭合紧闭，用唇和切齿摄取食物。咀嚼时口唇闭合，因而不论头取何种姿势，食物都不会从口中脱出，食物脱出即为病态。

（八）观粪便

健康马一昼夜排粪 8～12 次，一日 10～25 kg。马排粪时背腰拱起，后肢稍开张并略向前伸，行走中就可排便。马粪成球，有一定硬度，无难闻气味，落地后一部分破碎，与饲料的种类和含水量有关系。如发现马排便突增或减少，排便姿势改变，拱腰努责，回头顾腹、刨地，不做排便姿势而强力努责，不做排便姿势粪便自动流出，粪便水样，干硬，间或混有多量粗纤维、黏液、未消化谷粒及难闻的气味等，以上症状有其一则为病态。

（九）观尿

健康公马排尿时前肢向前，后肢向后开张站立，背腰下沉，伸出阴茎举尾排尿。母马后肢略向前踏，并稍有下蹲，排出尿液。健康马一昼夜排尿 5～8 次，尿量 3～6 L。如排尿次数及量异常增多或减少，马表现不自主排尿或表现不安、呻吟、回顾腹部，频频排尿或屡做排尿姿势而无尿者，皆为病态。

（十）查反射

健康马反射灵敏。用细棍轻触耳内皮毛表现摇耳或摇头，轻触鬐甲被毛肩部皮肌发生震颤性收缩，如无则为病态。

马房管理员如能掌握以上常识，发现问题及时通报兽医，就能及早帮助兽医做出正确的诊断，减少马场马匹重症疾病的发生。做到“早发现、早诊断、早治疗”，维护马群健康，减少马场经济损失。

四、马房环境控制技术规格

（一）马房最适宜的温度是 6～12 ℃。炎热的夏季要有充足的冷却通风系统，地面每天洒水 2～3 次，保证马房在夏季也有 25 ℃以下的温度；极端寒冷的情况下，尤其是北方的冬季，暖气对人和马来说都是必要的。如果厩舍温度不低于 6 ℃，可以不用其他采暖设备。

（二）马房最适宜的相对湿度为 60%～80%。炎热的夏季马房比较干燥时，可以采取马房通道内每天洒水 3～4 次的方法，保证相对湿度不低于 60%；当冬季来临，马房比较湿冷时，应减少马房通道内洒水或不洒水，只在清扫马房通道时撒少量水，保证马房相对湿度不高于 80%。

（三）马房的规格要求。为了满足马房的环境要求，马房房舍长 3～3.5 m，宽 3～3.5 m，面积 10～12 m^2，厩舍高 2.5～3 m。为了夏季通风良好，地面到天花板的高度应该达到一定高度，高度不达标的天花板不仅妨碍马房空气流通，影响采光，使得马房光线昏暗，甚至还会伤害人马安全。一般情况下，天花板的高度为 3～3.7 m，骑乘区的高度为 4.9～5.5 m。

（四）马房门窗的标准。门窗的大小，高低与马房的通风采光有直接关系。窗有采光及换气两种作用，新鲜空气可通过门窗进入厩内，而厩内臭气可通过马房顶部的排气窗或排气孔排出，排气窗（孔）的设计要保证只能让空气进出而不能进雨水。厩舍内的采光取决于窗的面积，窗的总面积须与厩内的面积成一定的比例，马房窗面积与地面面积比为1∶(10～12)，窗离地1.5～1.8 m。在北方寒冷地区马房大门的主要作用是抵抗风寒，关门后要严密，最好用滑动门，门高约2.5 m，宽约1.2 m。在北方为达到防止烈风袭入厩内的目的，可在门外加设挡风间，高2.5～2.8 m，宽2.8～3 m，长2.4 m以上。每间马房之间的隔板用厚木板或水泥，高1.6～1.8 m，其上部亦可用格板。通道即厩内的甬路，应和马间内的厩床同高，平而广，宽2.5～3 m。

（五）马房内其他要求。为了保证马房内无异味，每天必须清理2～3次，夏天除了天窗通风换气外，还要有风扇进行通风。夏季需装灭蚊蝇设备，以减少蚊蝇等昆虫对马的骚扰。对饲槽、水槽（水桶）要每天刷洗保持清洁。为了给马匹创造安静舒适的环境，利于休息，在厩舍近旁或周围尽量避免有噪声，尤其是在马匹采食和休息的时间应特别注意，否则会导致马匹应激反应，影响其健康和工作能力。更要严禁无关人员在马房内嬉戏喧哗和吵闹等。

五、马房管理注意事项

（一）增加自然光照，减少用电量。窗户很显然是最好的选择，屋顶天窗也是较好的措施。

（二）选择建筑材料的时候应考虑气温影响。马房应该冬暖夏凉。给马房添加一层膜可以提高它的隔离性，但是千万别选择锡或陨铁等材质。这些材料刚好具有相反的效果，会使马房内冬冷夏热，并且会增加马匹受伤的可能性。

（三）消防安全是所有马房都应当考虑的重要因素。要确保在容易够得着的地方备有合适的灭火器。

（四）认真考察场地区域，提前做好打算，充分考虑把马拴在哪里，在哪里刷洗，拴环、水管以及上马石的安置。

（五）马匹需要能够看到外面的环境，外界人和事物的不断变化能够为其提供新鲜感，防止它们心生厌倦。因此可以通过前开门和后开门改善它们的视野；不管是木质门还是砖石门，都应该在门上设计格子窗和内部格栅。

（六）木质门最好装上金属防护框，这样能更加持久耐用些。不要忽视所有重要的细节，包括门的安全栓，以及配件螺栓的物件等。

（七）条件允许时可将水接入马房中，这也能够节省许多时间和负重工作。自动的饮水装置和喂养槽能够减轻员工工作量。

（八）在饲料房和马具仓库之间设置简易的内部通道能够节省管理人员的时间和体力。在仓库内整齐排放马具、马衣以及草架和马桩上的配件，并确保它们处于良好的性能。

【典型人物案例】

赵春江，男，生于1970年12月4日，博士，中国农业大学动物科技学院副研究员、伴侣动物科学系副系主任；中国农业大学马研究中心研究员、马研究中心主任；中国马业协会常务理事，中国畜牧兽医学会马学分会秘书长；全国驴产业技术创新战略联盟、中国畜牧业协会驴业分会驴遗传育种与繁殖专门委员会副主任。

2003. 6—至今，中国农业大学动物科技学院动物遗传育种系、中国农业大学马研究中心从事科研工作。工作主要包括马遗传资源研究、马DNA亲子鉴定、驴分子遗传学研究、驴育种等。此外，研究内容还包括赛马运动和马文化等。

(1) 1999. 4—2000. 10，美国得克萨斯州Shelterwood实验室从事遗传诊断工作。工作内容主要包括马DNA多态性分析、法医DNA鉴定、马遗传疾病和马毛色基因的DNA检测等。

(2) 中国农业大学启动资金项目“中国矮马矮小性状的分子遗传基础的研究”(2004—2005)，主持人。

(3) 中央高校基本科研业务费专项资金项目“主要赛马国家和地区不同赛马体制的分析研究”(2009—2010)，主持人。

(4) 农业部公益性行业项目“马驴产业技术研究与试验示范（201003075)”，(2010—2014)，主要参加人。

(5) 中央高校基本科研业务费专项资金项目“我国地方马品种Y染色体重复片段内SNP分析”(2015—2016)，主持人。

(6) 福建省晋江市农业局科研专项“晋江马起源的研究” (2017—2019)，主持人。

(7) 农业部 岔口驿马遗传资源调查（2019—2020)，主持人。

著作有：《现代赛马》，中国农业大学出版社，2011年3月出版；《马学》（参编“赛马”章)，中国农业出版社，2017年11月出版；《动物比较育种学》（编写“马属家畜育种”章)，中国农业大学出版社，2021年8月出版。国家标准有：主持制定《广灵驴》《岔口驿马》《百色马》《纯血马DNA亲子鉴定技术规程》等国家标准；参加制定《德州驴》《晋江马》《蒙古马》《宁强马》等国家标准。

典型人物事迹感想：

典型人物工匠精神总结凝练：

【任务环境要求】

企业具有设施完备的现代化马房、马房清理用具、马房附属建筑与设施等。马房是马匹生活的小环境，应力求适合马匹生长的需要。企业马房的建筑、位置及附属设施等应选择干燥平坦的地方，马房的方位在寒冷地区要求避风向阳，在热带地区则要迎向夏季主风向，但要注意避免太阳直接辐射。马房的建造在一定程度上还要充分考虑其附属设施，如草料储存室，饲料调剂室，鞍具室，饲养员休息室，工具室，装蹄室，伤病处置室以及刷拭、洗浴马匹的地方，运动场和休闲场等要求使用方便，距马房既不能太远又要安全防火。

【任务目标与质量要求】

学徒独立完成马房管理操作任务，管理效果评价良好。具有较强组织和协调能力，独立处理马房管理过程中各类突发事件，完成学徒任务。

【工作任务实施】

教学过程设计（教学环节）		任务内容	学习活动方法	学习时间
岗上学习		任务咨询	学徒小组开展	40 天
教学活动 1	岗前培训	岗位技能标准、规范、注意事项	师徒互动（小组讨论）完成任务单	3 天
教学活动 2	岗位技术指导	一般技术指导：马房管理和环境调控技术标准，马房清理，马匹健康观察和马房温度、湿度控制等技术	现场技术指导、师徒互动（小组讨论）完成任务单	3 天
		综合能力指导：正确选择马房清理用具；清理马房正确着装；马房清理操作过程；马匹健康观察及注意事项	现场技术指导、企业综合评价	4 天
教学活动 3	顶岗工作	独立承担马房管理工作	独立承担岗位工作	30 天

【岗前培训】

岗前培训必选项目：

（1）企业安全生产制度。

（2）马房管理岗位相关工作理论、岗位技能培训。

（3）岗位任务工作规程、程序。

①马房管理前的准备工作。即马房、马房清理用具、清理服装的准备。

②马房日常管理工作。即马房清理工作、马匹健康观察和马房环境控制。

③做好马房日常消毒工作。

④马房工作记录规范，做好马房生产数据的记录工作。

岗前培训期间考核方法及标准

（考核分为五个部分，合计 100 分）

考核项目	分值	所占比率	评价方法及标准	部门
考勤	10	10%	满分 10 分，迟到（早退）扣 0.5 分/次，请假扣 1 分/次，扣完为止	办公室
理论考试	20	20%	统一安排书面考试，满分 100 分	办公室 各部门
心得报告	50	50%	周报（各部门学徒师傅报告）满分 100 分，权重 60% 1. 每份报告由三个部门评分组成（岗位所在部门师傅权重 60%，学校导师权重 30%，办公室权重 10%），由此计算每份报告得分，报告合计，计算平均分 2. 报告中需涵盖学习过程中发现的问题及改善的建议 3. 需手写，字数在 800 字以上	部门主管 办公室
			月总结报告，满分 100 分，权重 40% 1. 每份报告由两个部分的评分组成（岗位部门师傅 70%，办公室权重 30%），由此计算每份报告的得分，将报告合计，计算出平均分 2. 报告中需涵盖每个月培训期间的所学知识及心得体会 3. 需手写，字数在 1 500 字以上	部门主管 办公室

续表

考核项目	分值	所占比率	评价方法及标准	部门
沟通协调性	10	10%	1. 善于沟通，与人协作，能良好完成学习任务(9～10 分) 2. 通过良好的沟通与协调方式，能完成学习任务(6～8 分) 3. 沟通协调时缺乏主动性，只在必要时与人合作(3～5 分) 4. 不善交流，缺乏沟通，不愿与别人合作，很难完成学习任务（0～2 分）	部门领导
实习积极性	10	10%	1. 主动、态度热情，带动他人一起完成任务并提出建设性建议（9～10 分） 2. 岗位工作努力，态度积极，能自主完成学习任务（6～8 分） 3. 不能持之以恒，对学习任务斤斤计较，常提出不合理要求（3～5 分） 4. 岗位工作懒散，消极怠工，不思进取，经常抱怨（0～2 分）	部门领导
合计	100	100%	1. 优秀：90～100 分 2. 良好：80～89 分 3. 合格：60～79 分 4. 不合格：59 分以下（岗前培训期间不合格，淘汰或延长岗前培训期）	办公室

岗前培训过程记录表

序号	岗前培训内容	培训形式	完成情况	培训师傅	培训日期
1					
2					
3					
4					
5					

岗前培训内容考核表

序号	培训内容	考核形式	考核情况记录	考核记录人	等次评定（优、良、中、差）
1					
2					
3					
4					
5					

【岗位技术指导】

1. 日常技术指导

（1）能按时完成清厩工作。

（2）能适时观察马匹健康状况。

（3）饮用水源消毒工作。

（4）能有效进行马房温度、湿度控制。

（5）适时对马匹进行检查、护理工作。

（6）常规马房设备、设施安装调试工作。

（7）控制马房通风量。

岗位一般技术指导过程记录表

序号	技术指导内容	学习完成情况	指导师傅	指导日期
1				
2				
3				
4				
5				

岗位技术指导跟踪（考核）过程记录表

序号	指导内容	改进提升情况	跟踪记录人	记录日期
1				
2				
3				
4				
5				

岗位一般技术指导环节工作记录

（1）马房管理前工作完成记录表

项目	完成情况	师傅评定	备注
清厩工具理论知识			
拴马			
清马粪			
深度清厩			
铺垫料			
垫料知识			
水桶清洁与加水			
马匹健康观察			
马房空气质量要求			
马房环境温度、湿度要求			
马房环境控制设施是否正常运转			

(2) 马房管理技术

①识记清厩工具理论

项目	操作方法和要求
识记时间	
识记内容	

②拴马

项目	操作方法和要求
训练时间	
训练内容	

③清马粪和深度清厩

项目	操作方法和要求
训练时间	
训练内容	

④垫料知识和铺垫料

项目	操作方法和要求
训练时间	
训练内容	

⑤水桶清洁与加水

项目	操作方法和要求
训练时间	
训练内容	

⑥马匹健康观察

项目	操作方法和要求
训练时间	
训练内容	

⑦马房环境的控制

内容	操作方法和要求
温度	
湿度	
噪声	
气流	

⑧马房管理效果的评价

评价项目		评价方法
马房清理用具		
马房清理服装		
马房管理工作过程	马房清理过程	
	马匹健康观察	
	马房环境调控	

⑨马房管理工作过程登记表

时间/d	1～3	4～6	7～10	11～20	21～30	31～40
清厩工具选择训练						
拴马训练						
清马粪训练						
深度清厩训练						
垫料知识和铺垫料训练						
水桶清洁与加水训练						
马房环境控制训练						

2. 岗位综合能力指导

(1) 马房清理效果检测。

(2) 马房环境管理和马匹健康检查。

(3) 马房日常管理各项工作。

(4) 马匹疫苗定期免疫接种和马房定期消毒等各项工作。

马房管理岗位综合能力指导过程记录表

序号	能力项目	完成质量	师傅评价	协岗日期
1	马房清理技术			
2	马房环境调控技术			
3	马匹健康观察技术			
4	马房日常管理技术			
5	马房设施的管理与维护			
6	马房消毒和马匹疫苗定期接种技术			

学徒任务二　马匹饲养管理技术

马匹的饲养管理是所有养马企业，尤其是马匹数量比较大的养马企业最重要的一项技术性工作。饲草饲料的选择、马匹日粮配方的设计、具体的饲喂技术和方法、马匹日常管理和护理、饲养管理制度的制订、饲养员的培训等一系列工作都需要专门的科学知识。良好的饲养管理是马匹展现其速度、力量和耐力等工作能力的基础。具有良好工作性能的马匹，在适宜的饲养管理条件下，经过系统的调教，再加上骑手高超的骑术，能充分表现其工作能力。不合理的饲养管理和调教训练，不仅会降低马匹的工作能力，更会导致马匹频发疾病和受伤，甚至造成马匹死亡。因此，饲养管理是保证马匹健康和发挥其能力的重要因素之一。运动用马的饲养管理与其他马匹基本相同，但因其运动的方式和方法不同也有自己的特点。

【专业知识准备】

一、种马饲养管理技术规程

（一）繁殖母马饲养管理技术规程

母马的饲养管理除繁殖期外，一般都是役用。母马有空怀、妊娠及哺乳等时期，必须根据这些时期特点，给予妥善安排。母马的妊娠期为 11 个月左右。妊娠期间要加强饲养管理，既要保证母马本身营养良好又要兼顾胎儿的生长发育，母马健康，营养充足，才能保证胎儿不流产，分娩顺利，产下的幼驹健康结实，产后泌乳量多，能满足幼驹的需要。马匹通过繁殖生产出很多幼驹，但如果没有采用合理的培育方式和科学的饲养管理，幼驹不能成为优秀的成年马，母马不能充分发挥繁殖和使役性能，公马也不能发挥种用价值。所以我们要充分了解母马的特性，根据其特性进行饲养管理，让母马发挥最大能力，为人类服务。

1. 空怀母马饲养管理技术规程

（1）饲喂程序。饲喂程序应根据实际情况和日常饲养的习惯而定，有的采用先草、后水、再料的顺序，有的则先水、后草、再料。在饲喂前、进食中、饲喂后饮水都不会冲淡胃液影响食物的消化。精饲料量应平均三次喂完，马对精饲料的采食速度比粗饲料要快得多，也可先喂精饲料，让马的胃获得一定程度的饱感，然后再喂粗饲料，让马慢慢咀嚼，从而延长采食时间，有助于马匹对饲料的消化。若厩舍内设置有分开的料槽和饲草架也可同时添上精、粗饲料，让马匹自由选择。每天干草量的一半应在晚上饲喂，这样马匹可以有充足的时间去消化吸收。

现在国内马术俱乐部空怀母马采取的饲喂程序如下：通常日喂3次精料、4次干草（包括喂夜草1次），各次饲喂的间隔时间要均匀，且间隔时间不宜过长。每次饲喂精料时，同时喂草，一匹马不能超过8 h待在厩内没有东西吃，因此每天干草量的一半可在晚上饲喂，这样马有充足的时间去消化吸收，在厩舍内的马必须有足够的干草吃，每次饲喂精粗料之前饮水。精料每次喂量不要过多，每天精料量是体重的0.5%，一天的精料平均到3次喂完；每天粗饲料量是体重的1.5%～2%，4次喂完，白天3次喂一半草料量，晚上喂余下的一半草量。以体重500 kg的空怀母马为例，饲喂程序如下：精饲料量＝500×0.5%＝2.5（kg），青干草量＝500×（1.5%～2%）＝7.5～10 kg。具体时间：①8：30，第一次饮水、喂精料1 kg、青干草1.5～2 kg；②14：00第二次饮水，喂精料1 kg，青干草1.5～2 kg；③19：30第三次饮水，喂精料1 kg，青干草1.5～2 kg；④24：00喂3.5～5 kg青干草。

（2）饲料参考配方。粗料为8～12 kg/d，精料为3～4 kg/d。粗料可以是优质苜蓿、羊草。精料参考配方为：燕麦35%、黄豆15%、黑豆12%、麸皮10%、玉米15%、葵花籽10%、矿物质3%。

（3）饲喂注意事项。干草可放于饲草架或足够大的饲槽内饲喂，或装在大孔网袋里，吊于厩墙上，让马可以扯着吃。最差的方法是把干草投在厩床上饲喂，干草遭马践踏、粪尿污染而浪费极多，而且马匹可能误食寄生虫虫卵。饲喂顺序虽可按各地习惯有所不同，但经过长期固定的饲喂顺序，马匹已建立了条件反射，形成一定的规律就不要轻易变动，否则会引起马匹消化机能紊乱和消化道疾病，如疝痛、便秘等。如确需改变，应让马匹逐渐适应，可采取以下方法：加入新饲料成分应在4～5 d及以上逐渐加入，更换饲料应在7～10 d及以上或更长时间内逐步完成更换。在重要赛马比赛、马展期间不要更换饲料。

（4）饲养管理。要想饲养好繁殖期空怀母马，首先要了解母马繁殖的生理特点。母马性成熟随气候、品种、个体差异有早有晚，如建昌马8个月性成熟，而河曲马则24个月才性成熟。一般的母马都在1～1.5岁表现性周期活动，并有卵子排出。母马的繁殖力多以受胎率、产驹率、幼驹成活率以及产驹的间隔和产驹的数量作为衡量标准。母马的适配年龄为2.5～3岁，繁殖年限一般为18～20年。母马的繁殖与品种、年龄、体况、配种技术有关。

繁殖期空怀母马饲养管理的目标为：正常发情配种，正常排卵，交配受孕。目前，影响空怀母马正常繁殖的因素有：一是营养不良，热能不足，不能正常发情；二是非合理的管理使役，抑制发情；三是生殖道疾病，影响发情。针对影响空怀母马以上三种不发情配种因素所采取的饲养管理措施如下：

①短期优饲，保证正常发情。俗话说："有膘才有情"，为了保证母马正常发情配种，对于营养状况不好的空怀母马可以短期优饲，应从每年配种开始前1～2个月，改

善饲养管理，提高营养水平，保证饲料中有足量的蛋白质、矿物质和维生素，经过1～2月高营养、高强度饲养，可以促进空怀母马发情配种。

②对使役过度不能发情的空怀母马，可适当减轻劳役，使营养与使役相适应，保持合适的配种体况促进空怀母马发情配种。

③对体况过肥或患有生殖器官疾病的母马，应有针对性地调整。体况过肥的空怀母马应降低其营养水平，增加运动量，保持中等膘情，促进空怀母马发情配种；对于生殖器官疾病应及早检查预防，短期治疗好的可以留用，长期治疗不好的就要淘汰。加强管理，增强体质，是提高空怀母马配种受胎的有效措施。

正常体况的母马在配种季节只要没有生殖器官疾病，大多都可以正常发情配种，为了不耽误母马的正常发情配种时机，应努力改善其饲养管理。每天每匹母马可喂豆饼类饲料不超过1 kg，还要喂适量的食盐。母马的饲料应以青绿多汁饲料为主，这对母马正常发育、排卵、受孕都有促进作用。减轻使役，及时检查治疗生殖系统疾病，采用激素等药物调整性机能，准确判断卵泡发育与排卵时间，适时输精或本交配种等，都是促使母马正常发情和提高受胎率的有效措施。在舍饲情况下，腊月可正常发情，每年一月份开始配种，这样对幼驹生长发育极为有利，因幼驹生后5～6个月，正是青饲料生长旺盛的时候，母马奶水多，幼驹发育后，6个月断奶时就可以吃到优质青草饲料。

2. 妊娠母马的饲养管理技术规程

妊娠母马饲养管理的目标主要是在保证胎儿的正常发育和产后泌乳所需营养的基础上防止流产。

（1）生长特点。随着母马妊娠时间的延长，子宫和子宫内容物重量迅速增加，呈现胎儿前期增长慢、中期快、后期更快的特点。胎儿前3个月的体重为2.5 kg，占初生重的6%；中期（妊娠7～8个月）体重为13.7 kg，占初生重的34%；后期（初生）体重可以达到40 kg，占初生重的70%。妊娠母马食欲增强，饲料利用率和代谢水平显著提高。妊娠时新陈代谢比空怀时提高18%～30%，能量利用率提高18.1%，氮的利用率提高12.9%。母马在整个妊娠期需储积很大的能量，超过胎儿所含能量的0.5～1倍，储积的营养物质有蛋白质、矿物质、维生素和糖。妊娠最后2个月应加强饲养，对提高泌乳有很大的作用。良好的饲养，可使母马6个月时泌乳达到1 710 kg；不良饲养，仅泌乳1 232 kg，差异极其显著。要注意饲喂的卫生和方法，妊娠母马不应喂发霉、变质、冰冻的饲料。饲料类型应属生理碱性，如果酸性过大，容易中毒，也可引起子宫急剧收缩造成流产。水质要清洁，水温控制在7～8 ℃。母马妊娠后，生理机能发生了很大变化，对环境条件格外敏感。因此要防止意外事故发生，并加强改善饲养管理条件。母马健康、营养平衡是保护胎儿良好生长发育的前提。对妊娠母马的饲养，在满足其自身营养需要外，还应保证胎儿发育及产后泌乳的营养需要。根据胚胎的发育程度、在细胞分化和器官形成的不同时期，对妊娠母马的饲养管理上应各有所侧重、调整和补充。对初配青年母马，更需要满足其自身生长发育的需要。

（2）饲喂程序。多数国内马术俱乐部妊娠母马采取的饲喂程序如下：

①母马怀孕后，胚胎发育的前三个月，即妊娠前期，处于强烈的细胞分化阶段，细胞经过急剧的分化，形成各种组织器官的胚形与雏形。胚胎相对生长强烈，但绝对增重不大。妊娠最初 3 个月，胎儿较小，需要的营养水平不高。对营养物质的要求较高，而日粮饲喂量的要求不多。这时的日粮可大致与空怀母马一样，但质量要好些，营养上稍多一些优质干草和蛋白质含量较高的饲料（具体饲喂程序参见母马空怀期饲喂程序内容）。

②母马妊娠中期通常是指妊娠 4～8 个月，胚胎形成所有器官的原基后，种和品种的特征亦相继明显，胎儿生长发育加快，前 8 个月胎儿体重可达初生重的 1/3，胎儿的心、肺、脑等重要器官在这段时间发育最快。精料饲喂量比空怀期高 20%，饲草量和妊娠前期一样，不能空腹饮水，更忌热饮，饮用水温在 8～12 ℃ 为宜。妊娠中期饲喂程序同妊娠前期，只是精料量增加到 3.6～4.8 kg/d，1.2～1.6 kg/次，其余饲喂精料的次数、时间和饲喂青干草的量、次数、时间都同妊娠前期，饮水也同妊娠前期。

③妊娠后期通常是指妊娠 9～11 月，是胚胎发育的胎儿期，胎儿的生长速度更快，这 3 个月里要完成初生重的 2/3，此阶段胚胎发育的最大特点是相对生长逐渐减慢，绝对生长明显加快。也有资料说明，在妊娠期的最后三个月，胚胎的总增重可以达到母马体重的 12%，母马每日可增重 0.4 kg。加之母马此时还需要储备一定营养用于产后泌乳，致使母马对营养的需要量急剧增加，此期应注意由于营养不足直接造成胎驹生长发育受阻（胚胎型）的情况。此时期母马食欲显著增强，营养需求量增大。在妊娠的最后三个月，必须对母马饲以质量好、营养丰富、易消化的饲料，如燕麦、麸皮、玉米、胡萝卜、大麦芽及食盐、骨粉等。妊娠最后 90 d，母马日粮蛋白质含量不低于 12%，精料量应占体重的 1%～2%，青干草量占体重的 1%～2%，这也要视马的膘情而定。妊娠后期可增加饲喂次数，由原来的一天喂 3 次平均精料和 4 次草料，增加到一天喂 4 次精料和 5 次草料，每次精料喂量是全天精料量的平均量，白天 4 次干草量是全天一半干草量的平均量，最后一次青干草喂剩余的一半干草量。如体重 600 kg、妊娠 9 个月的母马饲喂规程如下：精饲料量＝600×1%～2%＝6～12 kg，青干草量＝600×1%～2%＝6～12 kg；具体时间：①8：30，第一次饮水、喂精料 1.5～3 kg、青干草 0.8～1.5 kg；②12：30 第二次饮水，喂精料 1.5～3 kg、青干草 0.8～1.5 kg；③16：30 第三次饮水，喂精料 1.5～3 kg、青干草 0.8～1.5 kg；④20：30 喂精料 1.5～3 kg、青干草 0.6～1.5 kg；⑤00：30 喂最后一顿青干草 3～6 kg。

（3）注意事项。不能把妊娠母马当役马对待，完全按农活轻重来安排草料。如冬闲季节，虽然没有多少农活，但这时正是胎儿生长发育最快、需要大量营养的时期，而春季农活很重，又是胎儿较小，不需要较多营养的时期。所以，在安排草料的数量和质量时，要结合妊娠母马营养需要的特点和农活轻重两个方面考虑。另外，对初次妊娠的青年母马，因其自身还处在发育阶段，应适当补加饲料。不使役的妊娠母马应注意加强运动。但临近分娩前 2～3 周粗饲料量要适当减少，豆科干草和含蛋白质丰富的精饲料量都应减少饲喂，否则不仅可能造成母马消化不良，而且也会造成母马产后因母乳分泌量过多而引起幼驹过食下痢，甚至引起母马乳房炎症。

（4）防流产措施

①合理安排妊娠母马的运动和工作。合理利用妊娠母马担当轻役或中役，利于胎儿发育，亦利于顺利分娩。但应避免重役或长途运输，不可用怀孕母马当驾辕、拉碾、套磨、快赶、猛跑、急转弯、走水道、爬陡坡，更要防止打冷鞭。对不使役的孕马，每天至少保证 2～3 h 运动时间，这对增强母马体质，防止难产有积极意义。

②我国北方广大牧区，冬春季节天寒草枯，母马又正处在怀孕后期，如遇不测，往往会造成流产，因此在妊娠的最后 1～2 个月内应加强饲养管理，对防止母马妊娠后期流产很有帮助，同时对提高母马产后泌乳量也起重要作用。

③母马防流产措施。除传染性流产外，主要有营养性流产和季节性流产。营养性流产多因营养不良或不平衡，导致代谢失调而流产。在妊娠初期多见胚胎发育中断或胚胎吸收，称为隐性流产。马胎儿游离时间长，需 3～3.5 个月才能完成胎儿附植，而它又属弥散型胎盘，与子宫结合弱，同时伴随子宫乳营养转变为胎盘吸收营养，这时孕酮水平也逐渐降低。在妊娠前几个月，会因环境障碍造成胎儿停止发育或死亡。此时的日粮可与空怀期的母马相同，但质量要求高，营养要全面。妊娠最后 3 个月，天寒缺草，气候变化大，胎儿发育快，对营养的要求高，若营养不足也会造成流产。妊娠后期母马行动不便，若管理不善，易发生创伤性流产。为防止妊娠母马流产应做到合理使役，母马每天要坚持运动，若体脂过多，子宫扩张受限，胎儿营养吸收也会受到限制。不使役、不运动，产时困难，子宫不易复原，不利于以后受胎。妊娠前期可以正常使役，但最好专人使役，强度要适中，不出猛力，不急拐弯（拉磨）。妊娠后期使役量减少，产前 20 d 停止使役。妊娠母马单独饲养，安全分娩，产前 15 d 将预产母马停止使役，移入产房，由专人守护，单独饲喂。

（5）临近分娩时母马的饲养管理技术。为保证母马顺利分娩，在产前半个月到一个月，应酌情停止使役，每天注意刷拭，并保持适当的运动，可在放牧地、运动场自由活动 2～3 h，对母马和胎儿都有利。为了安全分娩，厩舍应宽大干燥，多加垫草，冬暖夏凉，饲养人员牵马入厩应注意避免碰撞，以防不测。分娩前 10～15 d，要逐渐减少饲料喂量，喂量为每 100 kg 体重 1.5～2 kg，停喂豆科牧草和易发酵饲料。精料中要多添加麸皮、燕麦和适量的豆饼。将预产母马停止使役，移入产房，专人守护，单独喂养。每天饲喂 4～5 次，以禾本科干草为主，适当加些精料（为平时的 2/3）。每天要有适当的运动，以防母马消化不良和妊娠浮肿。对初产母马要按摩乳房，以便产后幼驹吃奶。

母马临产前症状：母马一般产前30～40 d乳房开始膨胀；产前10～15 d，尻部尾根两侧肌肉松弛凹陷，腹部下垂，休息时经常换蹄；接近临产的1～2 d，饲喂量可减到平时的一半，以免采食过多，压迫胎儿，甚至引起流产。要注意饮温水（9～11 ℃），每次饮水量不要过多。产前1～2 d母马阴门肿胀松弛，排粪尿多，乳头滴奶；初产母马阴户充血。

妊娠母马的日粮应多样化，营养丰富，饲喂量要逐渐增加，初期量少，质优；后期量和质并重。日粮尤应注意蛋白质、矿物质和维生素的供给。NRC（2007）中怀孕母马的日粮标准较高，建议在维持饲草比例不变（55.56%）的情况下，蛋白质浓度在母马妊娠5～6个月最高，1～4个月最低。体重500 kg马孕期日粮蛋白质浓度变化见图2-19。

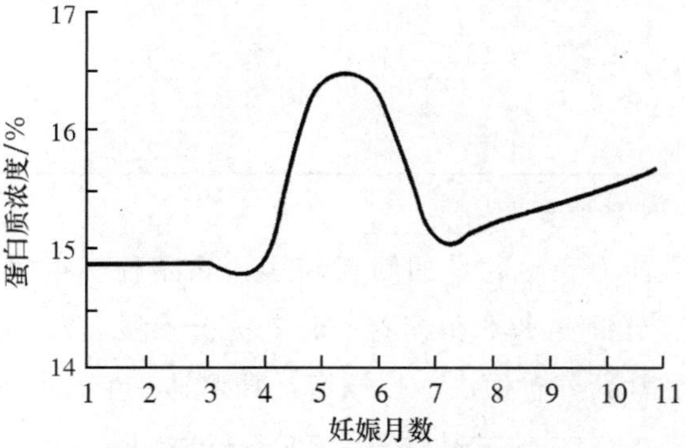

图2-19 体重500 kg马孕期日粮蛋白质浓度变化

3. 母马接产技术流程

分娩是一项受神经、体液双重调节的生理过程，应认真做好接产工作。

（1）产前准备工作。准备好手术盘等消毒用具、垫草和24 h值班人员。在母马出现分娩症状时，应有专人日夜值班，加强护理，随时助产。

（2）接产。产前数小时，母马表现情绪不安。母马产驹多在晚上，分娩时应保持安静，防止干扰，通常母马15～30 min即可完成分娩，正常情况不需助产。幼驹出生后，擦去口鼻黏液，处理好脐带，让母马舔干幼驹身上的黏液，再抠去软蹄。出生后15～40 min，幼驹即可站定。要尽量让幼驹早吃上初乳，胎粪长时间不排要及时灌肠。通常母马分娩后约3 h，胎衣自行脱落，就可排出，对胎衣不下的母马，应及时请兽医人员处理。母马产后洗净外阴（0.1%高锰酸钾水），换好褥草，可给母马喝温麸皮水（30～35 ℃），外加少量的食盐，产房要注意保暖防寒。产后3～5 d，将母马养在厩内，夜间多铺垫草，预防贼风吹袭，要注意卫生，防止感染，天气暖和时可将母马带驹放在小运动场中，进行日光浴，对健康有益。母马产后3 d，因幼驹吃的不多，可不喂或少喂精料，只喂麸皮和干草，3 d以后逐渐加精料，10 d后恢复正常。

4. 哺乳母马饲养管理技术规程

对于这一生理阶段的母马，在饲养管理上，既要保证泌乳和哺乳，养育幼驹，又要保证及时发情、排卵、受胎，具有良好的体况。一般情况，母马泌乳量前3个月较高，以后随时间的推移而逐渐减少。根据母马泌乳所需营养，建议哺乳前3个月，精料量应占日粮总量的45%～55%。精料所需的数量取决于干草和牧地的质量、母马泌乳力、体况和其他因素。总日粮蛋白质应在12.5%～14%。如果混合精料在日粮中占50%，那么粗饲料应含蛋白质不低于10%，以保证日粮蛋白质也含有10%蛋白质。哺乳母马自由采食食盐和矿物质添加剂。母马平均产奶量见表2-1。

表2-1　母马平均产奶量　　kg/d

泌乳月数	挽马	轻型马	矮马
0～1	15.4	13.9	10.3
1～2	16.8	14.7	11.8
2～3	18.2	16.9	12.5
3～4	17	15.1	9.5
4～5	14.7	10.9	9.1

注：引自 http：//www.merckvetmanual.com。

(1) 影响母马泌乳能力和泌乳量的因素较多，除品种、年龄、泌乳期的长短及母马本身的体况外，主要与饲养水平和饲养的营养成分有关。母马得到良好的饲养，不仅泌乳能力强，而且乳汁营养价值高。据测定，轻型马8个月的泌乳量通常为2 400 kg左右，重型马3 500 kg左右，地方品种马1 300～2 000 kg。在实际饲养中，必须做到饲以喂量充足、营养完善的日粮，保证哺乳母马获得足够的能量、蛋白质、维生素和矿物质。产后前3个月是母马泌乳的高峰期，日粮干物质中的粗蛋白含量至少应保持12.5%～14%的水平。

(2) 哺乳母马饲养规程。饲养哺乳母马应从妊娠的最后1～2个月抓起，加强饲养管理，满足营养需要，增强体质，使母马具有良好体况，才能保证分娩后母马健康和分泌多量的乳汁哺育幼驹。哺乳母马负担较重，在维持自身营养的同时，尚需保持泌乳和产后再次受胎的营养供给。因此对哺乳母马的饲养管理要非常重视。

哺乳母马饲料配比：国内饲养哺乳母马，精饲料中常配大豆饼30%～40%，麦麸15%～20%，其他为谷食类饲料；粗饲料中用优质豆科干草约占1/2，其余掺入少量阴干玉米秸或谷草，青绿多汁饲料，如胡萝卜、饲用甜菜、马铃薯及青贮饲料，对母马产后复壮、提高泌乳量和催情有良好作用，应按照情况酌情配合饲喂，哺乳期母马饲料中粗纤维不超过25%，母马担任轻役时，日粮标准应再加20%。采食量按体重的1.5%～3.5%，精粗比接近1∶1，精料量饲喂每天平均到早中晚3次完成，4次干草(加一次夜草)，最后一次夜草占整个干草的一半。有条件的地区，应积极组织放牧，放牧能明显提高泌乳量，促进幼驹生长。哺乳母马每天需水量大，必须提供充足饮水。通常白天饮水不应少于5次，夜间可自由饮水。为了加速子宫恢复，在产后头一个月内，要饮温水，水温以5～15℃为宜。要补足盐和钙质。个别母马奶量不足，可加喂炒熟的小糜子0.25～0.5 kg，连喂几天，有明显的催奶作用。母马在产后一个月内应停止使役，一个月后开始使役，使役中要勤休息，便于幼驹哺乳。母马和幼驹要定期称重，以此作为调整日粮的依据，保证幼驹正常生长发育。在繁殖上，母马要抓住第1个发情期的配种，否则以后受哺乳影响，发情不好，受胎率低。

（二）种公马饲养管理技术规程

为了保证种公马体质健壮，性欲旺盛，精液量多且品质好，延长使用年限，必须要有正确的饲养管理方法。在饲养上，要保证种公马的营养需要。粗饲料主要由优质干苜蓿和羊草混合而成。除了饲喂精料和粗饲料以外，为了提高精液品质，最好再补充一些维生素。

1. 种公马的繁殖生理特点

因饲料管理条件、品种、气候、地域等因素的影响，种公马性成熟早晚不一，平均为1.5岁。适配年龄3～4岁，繁殖力以6～12岁最强。公马精液5%为干物质，其中66%是以蛋白质为主的含氮物，其次是酯类、果糖等。精液中含有0.9%的盐类，其成分有Ca、Na、K、P、Mg、S等元素。此外，尚有某种酶。

2. 营养需要和饲养特点

（1）营养需要。热能对促进公马性器官的发育、早熟有很大关系。热能不足，会导致未成年公马睾丸发育异常，降低成年公马的性欲和精液品质；热能过高，会降低公马性欲，神经迟钝，肥胖臃肿，不利于配种。据测定，交配时公马所耗热能比休息时增加6倍，脉搏增加1倍，呼吸次数增加5倍。精子形成所需能量占饲料总能量的1/8～1/3。一般情况下，公马（500 kg）所需能量要比普通马高8.26%，配种公马比非配种期的公马高16.67%，配种期的公马比非配种期的公马高23.55%；而蛋白质的需要则分别高8.74%、12.5%和20.15%（NRC，2007）。在生产中，通常以马匹体重增减来检查公马热能的高低，配种季节体重增减一般不超过10 kg，非配种季节一般不超过15 kg。蛋白质的质量和水平，以及矿物质（尤以Ca、P重要）、维生素（特别是维生素A、维生素D、维生素E）是否能够满足需要，将会直接影响精液的品质。

（2）种公马饲养技术规程。种公马的饲养标准，主要根据配种期、非配种期和体重来决定。对于公马配种期和非配种期的日粮结构，NRC（2007）标准变化很大，特别是精料和添加剂的给量，在具体生产中我们可以结合品种和饲料的品质一并参考。

①非配种期种公马饲养技术规程。种公马非配种期的饲养管理会直接影响配种期公马的配种能力，故不可忽视。非配种期精料占总营养的40%～50%，蛋白质保持在10%。NRC（2007）500 kg的非配种期种公马建议的日粮标准是饲草55.56%，精料

18.15%，添加剂 26.3%，其中蛋白质占日粮的 15.08%。此期可适当减少豆科饲料的给量，增加易消化的含碳水化合物丰富的饲料，注意矿物质、维生素的补充。如能结合舍饲将种公马放在饲草丰富的牧地里，对种公马的恢复和健康将有着积极的意义。采食量按体重的 1.5%～3.5%，精粗比 1∶1.3，精料量饲喂每天平均到早中晚 3 次完成，4 次干草（加一次夜草），最后一次夜草占整个干草量的一半。根据公马的生理机能与体况，非配种期可分为恢复期、增健期和配种准备期。

A. 恢复期。指配种后 1～2 个月，在 8—9 月份。这段时间，主要任务是使种公马体力得到恢复，此时可酌情减少精料，特别是蛋白质饲料，增加大麦、麸皮等易消化饲料、青饲料和放牧；应减少运动时间和运动量，增加活动量。乘用马每天运动时间保持在 1～1.5 h，1/5～1/4 步度；挽用马每天运动时间保持在 2～2.5 h，减轻挽重，去掉快步，尽量使马舒适。对个别在配种期体力损失过大的瘦弱公马，应细心喂养，经 1～2 个月，体力即可恢复。

B. 增健期。指公马体力恢复后，在饲养管理上进入以增进健康，增强体质为宗旨的增建期。此时至秋末、冬初时节，天高气爽，可逐步增加其运动量和精饲料量，使公马体力、体质、精力强壮旺盛起来，为来年配种打下良好基础。在增健期精料量可比恢复期增加 1～1.5 kg，特别偏重增加热能较高的碳水化合物饲料，如玉米、麸皮等。要逐步增加运动时间，加强锻炼。乘用马每天运动 1.5～2 h，2/5～1/2 步度，每次 2 000～3 000 m，后期甚至每周可增加 2 次跑步。挽马每天运动 3 h，距离为 13～14 km。在精心饲养管理下，经 2 个月左右，公马体力即可明显增强。

C. 配种准备期。通常在年初 1—2 月份。为增强公马配种能力，此期的饲养管理格外重要。饲养喂量应逐步增至配种期水平，并偏重于蛋白质与维生素饲料。要正确判断种公马的配种能力，每周对种公马进行三次精液品质检查，每次间隔 24～28 h，发现问题及时采取相应措施加以补救，并相应地减少运动强度，到配种前一个月，要去掉跑步，以贮备体力，保持种用体况，使公马具备旺盛精力和理想的配种能力。

在非配种期间，精料参考配方为：燕麦 50%、黄豆 10%、黑豆 10%、麸皮 10%、玉米 10%、葵花籽 8%、矿物质 2%。其中，矿物质包括盐、钙粉等。另外，黄豆要用水泡透，黑豆要煮熟。

②配种期种公马饲养技术规程。

A. 饲料配比技术。采食量以占种公马体重 1.5%～3.5%为宜，以精料为主，应占总营养的 50%～60%，蛋白质保持 13%～14%，粗纤维素在 25%以下，精料量饲喂每天平均到早中晚 3 次完成，4 次干草（加一次夜草），最后一次夜草占整个干草的一半。由于每形成 1 mL 马的精液需要蛋白质 30 g，因此配种任务大的公马应饲喂动物性蛋白质饲料（牛奶、鸡蛋）和补充矿物质、维生素。NRC（2007）对于 500 kg 的配种公马建议的日粮标准是饲草 49.36%，精料 44.99%，添加剂 5.63%，其中，粗蛋白质占日粮的16.7%，可以降低燕麦5%的比例，增加鸡蛋、酸奶、红米等营养饲料。为了提高精液的品质，应当给种公马饲喂品质良好的禾本科、豆科干草，有条件的地方可喂青刈饲草（如苜蓿）以代替部分干草。

B. 我国种公马配种期日粮参考配方：干草10 kg，精料量5.5 kg。其中：大麦35%，燕麦20%，麦麸15%，玉米15%，豆饼13%，添加剂2%，胡萝卜2 kg，大麦芽1 kg，鸡蛋6枚，食盐50 g。种公马饲料营养成分见表2-2。

表2-2　种公马饲料的营养成分

饲料	干物质/%	消化能/(Mcal/kg)	蛋白质/%	钙/%	磷/%	镁/%	钾/%	赖氨酸/%	铜/(mg/kg)	锌/(mg/kg)	硒/(mg/kg)	维生素E/(IU/kg)	维生素A/(IU/kg)
萝卜	0.11	0.4	1	0.5	0.04	0.009	0.4	0.04	0.05	1.4		37	41 000
鸡蛋	0.239	1.51	12.3	0.13	0.18	0.11	0.05	0.89	0.08	13		11	5 000
玉米	0.865	3.18	8	0.03	0.31	0.12	0.38	0.24	2.9	23		26	—
大麦	0.882	3.28	9.3	0.07	0.38	0.15	0.46	—	7.2	36	0.17	—	—
燕麦	0.897	2.9	9.8	0.08	0.33	0.16	0.36	0.31	4.2	22	0.24	7	—
豆粕	0.883	3.14	46.1	0.33	0.7	0.36	2.4	2.83	20.6	63	0.51	4	—
麦麸	0.89	2.93	15.4	0.13	1.13	—	—	—	—	—	—	—	—
磷酸氢钙	—	—	—	21.0	18.5	—	—	—	—	—	—	—	—
石灰石粉	—	—	—	38.0	—	—	—	—	—	—	—	—	—
苜蓿	0.894	2.21	19.9	1.11	0.24	0.3	2.08	0.81	5.2	20.9	0.02	31	426

3. 种公马管理技术规程

（1）种公马应单厩饲养，厩舍宽敞，空气畅通，光线适宜。让种公马有一定空间，可自由活动和休息，不必栓系，舍温在5 ℃左右为宜。厩外应建逍遥运动场，公马自由活动，行日光浴，接触公马要温和耐心，对易兴奋的公马更应注意。粗暴会抑制公马的性反射，造成精液品质下降。

（2）必须处理好饲养、运动和配种三者相互制约又平衡的关系。配种任务重，可减轻运动增加营养（蛋白质饲料）；配种任务轻，则可增加运动或适当减些精料。对种公马的运动锻炼是发挥公马配种能力的重要措施，运动量必须恰当掌握，运动量是否合适，以公马的膘情、肌肉坚实性、公马精液品质、性机能状况等为依据。乘用型公马实行骑乘运动，每天1.5～2 h，用1/3步度行进15 km。兼用型马可挽轻驾车，挽力30 kg以内，每天2～2.5 h，行进15～20 km。重型或挽乘兼用型马驾车或拉橇运动，每日3～4 h，挽力40～50 kg，用1/4步度，行进20 km，运动后以耳根肩部稍出汗为宜。对种公马的饲养管理操作规程必须结合运动合理安排，便于公马采精或配种后生理机能得到有规律的恢复与调整。因此，要根据各自实际，科学合理安排种公马的管理工作日程。种公马管理工作日程见表2-3。

表 2-3 种公马管理工作日程

项目	配种期	非配种期
饮水饲喂	3：00～4：00	5：00～6：00
清扫检温刷拭	4：00～5：00	6：00～7：00
运动	5：00～7：00	7：00～9：00
日光浴	7：00～7：30	9：00～10：00
采精	7：30～8：00	
饮水饲喂	9：00～11：00	10：00～11：00
午休	11：00～13：00	11：00～13：00
饮水	13：00～13：30	13：00～13：30
清扫检温刷拭	13：30～14：30	13：30～14：30
运动	14：30～16：00	14：30～16：00
休息	16：00～16：30	16：00～17：00
采精	16：30～17：00	
饮水饲喂	18：00～19：00	17：00～18：00
投草	21：00	21：00

①合理运动。俗话说："肥胖和休闲是种公马最大的敌人"。应以膘度、肌肉坚实程度、精液品质和性机能正常与否作为检验运动量是否适宜的标准。运动不足，公马过肥，消化代谢降低，体质虚弱甚至阳痿；运动过度，也会造成公马性欲降低，精液品质下降。我们应根据种公马的体况、性格、品种及生产阶段来制订运动计划。运动时间，轻型马每天骑乘 1.5～2 h。配种期运动只允许慢步、轻（慢）快步，一般以马轻微出汗为宜，或半小时能恢复正常的呼吸、脉搏为准。运动后的公马应刷拭 15～20 min，揉搓四肢腱部，利于恢复体力。可采用冷水擦洗按摩睾丸，提高精液活力。夏季每天或隔日 1 次，春季每周 1 次，水温 5～7 ℃即可。但注意动作要轻，不要刺激附睾。

②合理配种。配种期前 1 个月为公马配种准备期。要增加营养，检验精液品质，青年公马此时也应做好配种和采精的训练。配种结束后公马进入恢复期、增健期和配种准备期。壮龄公马配种期每天可配种 1 次，1 周允许有 2 d，1 d 采精 2 次，时间间隔 8 h。年轻公马采精每天不超过 1 次，7～10 d 休息 1 次。每天均应按严格的工作程序进行，不宜轻易变动休息时间。配种过度会造成阳痿，精液品质下降，受胎率降低，公马使用年限缩短。

③保持安静。采精或交配时，应尽量避免噪声、走动对神经的不良刺激。否则公马性反射衰弱，交配时阴茎不勃起或不射精。平时管理公马要耐心，不可粗暴，以免性抑制或养成恶癖。

4. 注意事项

(1) 公马的饲养必须是单独针对某个个体进行的。

(2) 对种公马的评定应该是经常的、定期的，每个月都要称量体重，如果没有地秤，可以用胸围和体长来估测。

(3) 定期进行公马体况的评分，一般以6～7分为好。要仔细观察公马的采食情况，并做好记录，发现问题及时处理。如果每日精料的喂量超过公马体重0.5%，就应分2次或2次以上饲喂，实际都要喂3次或4次。如500 kg体重公马，就不能一次喂2.5 kg饲料，而是要分成2次饲喂。在24 h内，饲喂的时间间隔应妥善划分，饲喂时间固定，可以减少由于饲养不当引起的疾病和啃槽恶癖。体况评分为6分的马见图2-20。

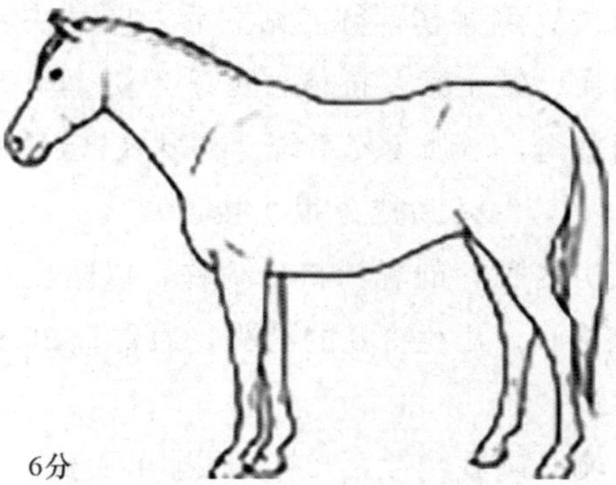

图2-20　体况评分为6分的马

(4) 变更公马的饲料应该是逐渐过渡的。在非配种季节，许多非使役的公马仅吃高质量的干草或自由放牧就能保持很好的体况。典型的禾本科干草每日采食量占体重的1.75%～2.0%（或者自由采食）。如果饲喂高质量的苜蓿，采食量相对降低，一般每天饲喂量占马体重的1.5%～1.75%。在配种季节公马需要精料和饲草混合饲喂，每天饲喂量占体重的1.5%～2.5%。选择精料时要注意既能保持公马体重稳定又能保证公马的繁殖活动，能够满足蛋白质、矿物质和维生素的需要。提供自由采食的矿物质和足够量的新鲜饮水，青干草和饲料的质量一定要好，没有发霉、变质的现象，这对饲养任何马匹都是非常重要的。注意营养、配种和运动三者的辩证关系。配种增加，营养需要增加；配种减少，营养减少。营养增加，配种不增，运动量就要适当增加。

二、幼驹饲养管理技术规程

（一）出生马驹护理技术规程

做好初生驹的护理，对提高幼驹成活率，保证幼驹生后良好生长发育有积极意义。

1. 出生马驹护理技术准备工作

马驹护理用具的准备：干净的毛巾、盆、温水、剪刀、碘酊、干净的垫草、手套。

2. 出生马驹护理技术规程

(1) 擦拭黏液。幼驹出生后，尽快消除口鼻的黏液，防止呼吸不畅引起的窒息或肺炎。自然或助产出生的马驹，一生下来就需要人工用干净的湿毛巾立即擦去马驹口鼻的黏液，然后再擦去全身的黏液，随后将马驹安置在有干净垫草、温暖干燥处，以防幼驹感冒。同时也可视情况让母马舔干马驹，接着去除蹄底的软蹄，使成平面，使幼驹能正常站立。

(2) 断脐带。对于不能自然断脐的幼驹要人工断脐。马脐带长度一般 70～100 cm，断脐时可将胎盘的血液捋到幼驹体内，距幼驹腹部 5～8 cm 处用剪刀剪断，然后用 5% 浓碘酊充分消毒处理。

(3) 吃初乳。幼驹出生后，经 0.5～1 h 就能站立。在站立不稳期间，要有专人照管，尤其要保护头部，以防跌倒碰伤。待能站立后，应尽快辅助幼驹吃初乳，初乳内含有丰富的蛋白质、矿物质、维生素及抗体，可以为初生驹提供生长所必需的营养并增强初生驹抵抗力和排出胎粪，增强免疫系统。初乳在产后 10 h 内营养价值最高，蛋白质含量可达 10%～23.8%，24 h 后成分很快接近常乳。在马驹吮吸前，应先将母马乳头用温水洗净，并将乳房内积存的乳汁挤出少许，以防止马驹吸后腹泻。马驹哺乳量应少量多次，切忌一次多食。出生 3 d 的马驹，通常每 20 min 哺乳一次，一昼夜约哺乳 60 次。

(4) 排胎粪。初生马驹必须在出生后 24 h 内排出胎粪，否则幼驹会表现出不安、回顾腹部、举尾、弓背或以后肢蹴踢腹部，甚至犬坐呻吟等症状，发现后应及时处理，一般可用手指涂油从直肠内取出粪便，并用温水进行灌肠，非不得已情况下不使用泻剂，另外初乳也有促使胎粪排出的作用。

(5) 打疫苗。应注意及时对马驹进行破伤风防疫注射。出生后 4～5 d 开始，在天气晴朗时，让马驹随母马在舍外活动，有益于增强体质和健康。

（二）幼驹饲养管理技术规程

良好的饲养管理是幼驹培育的基础和前提，根据幼驹生长发育规律，提供科学合理的饲养管理方式，促使幼驹朝着正确方向发展是幼驹饲养管理的主要任务。

1. 幼驹生长发育规律

(1) 胎儿期。母马妊娠后期是胎儿生长最快的阶段，胎儿出生体重的 60% 是在妊娠的后 3 个月完成的。在正常的饲养管理条件下，马驹出生时已经到达成年体高的 60%～62%，成年体重的 9%～10%。

(2) 哺乳期。从出生到 6 月龄是幼驹一生中生长发育最快的阶段，体尺、体重占生后总生长量 1/2 以上。据测定，关中马哺乳期体高可生长 31 cm，占出生后总生长量的 53.5%；体长、胸围、管围也分别达到总生长量 58%、50% 和 56%。因此，这一阶段生长发育的好坏，对其将来生产性能影响很大。

(3) 断奶后。从断奶到 1 岁，幼驹管状骨的发育较快，此时的体高一般可以达到成年的 90%，体重达到成年的 65%，呈“高方形”体形；到 2 岁前后，体轴骨和扁平骨发育速度超过管状骨，体高可以达到成年的95%，体重达到成年的85%，因而多呈"正方形"或"低方形"；到3岁时，体重已经达到成年的95%左右。中型百色公马体尺生长规律见图2-21。

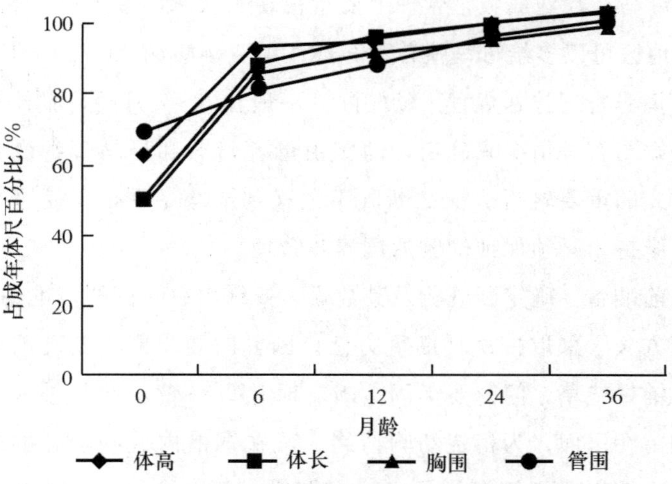

图 2-21 中型百色公马体尺生长规律

2. 幼驹饲养管理技术规程

(1) 哺乳驹饲养管理技术规程

①幼驹吃乳技术规程。初乳营养丰富，含有大量的免疫球蛋白和易于消化的白蛋白，幼驹生后1 h内及时吃上初乳极为重要。出生3 d的马驹，通常每20 min哺乳一次，一昼夜约哺乳60次。初生幼驹如果遇母马死亡或母马无乳、少乳，必须设法找代哺母马寄养或用代乳品。3 d后吃常乳，1 d吃乳6～8次，吃乳7～10 d后，可以补饲。

②哺乳驹补饲技术规程。幼驹生后10～15 d即能随同母马吃一些饲料，可以尽早开始补饲。补饲可分为2个阶段，前期（1～3月龄）和后期（3～6月龄）。在前期，幼驹身体机能弱，适应性差，应以母乳为主，补饲为辅，按照NRC（2007）标准，日粮蛋白质在16%左右，钙、磷的含量分别为1.3%～15%、0.8%～1%；生后10～15 d应开始补饲以精料为主的混合日料，由于此时幼驹的消化能力尚弱，补饲的精料以麸皮压扁或磨碎的大麦、燕麦、高粱、豆饼粉等为主，开始每日50 g，每日喂2次，逐渐增加喂量分3次饲喂；食盐、钙、磷等矿物质饲料和胡萝卜等多汁饲料，也是哺乳期幼驹所必需的饲料；粗料喂优质的禾本科干草和苜蓿干草，自由采食。春夏季节，光照充足，温度适宜，有草场的应让幼驹跟随母马放牧，自由采食、奔跑、休息，对马驹的健康发育非常有益，放牧期可减少或不再补给精料。此后精料由70%逐月降低，草料则由不足30%逐月上升。到后期，母马泌乳量降低，在断乳前，草料和精料定额要达到各占50%的比例。

③哺乳驹补饲注意事项。要注意维生素、矿物质的补饲。幼驹补饲以单槽为好，以免母马争食，时间上应与母马同步。应多给予品质好，易消化的饲料，前期可以将燕麦、麸皮、小米等调成糊状任其采食；后期可以相应增加玉米、高粱、豆饼等的给量。有放牧条件的可以随母马在牧地放牧，管理上要重视幼驹饮水，多运动，多晒太阳，冬季要防寒保暖。缺硒地区可以多给母马喂苜蓿，或注射亚硒酸钠 20～25 mL/次。

（2）断乳驹饲养管理技术规程。幼驹断乳一般在 6～7 月龄，具体时间要视母马的体质、体况、妊娠与否等情况来确定。幼驹由母乳营养和母马管护变为独立生活，是出生以后生活方式的重要转折。加之断乳不久又到严寒冬季，要使这个关键时期的生长发育得以正常维持，必须保证幼驹的饲养和管理。

①幼驹断乳前准备。确定断乳驹及其数量，修缮厩舍、围栏，准备饲料和用具。

②幼驹断乳方法。采取一次性断乳方法，断乳时要果断，断乳前应先把断乳厩清扫干净并消毒，铺好垫草，门窗要牢固。断乳时让母马带着幼驹进入断乳厩，然后赶走母马，让幼驹留在里面，为稳定幼驹情绪，可在饲槽内放些切碎的胡萝卜块，任其采食，也可以放入性格温驯的老母马或骟马做伴，每天进行精心照料。当幼驹习惯新的环境，习惯断乳后，可让幼驹到运动场上进行适当的活动，这样有利于其生长发育。一周以后进行放牧，并喂给一些易消化又富含营养的物质。

③幼驹断乳后的管理。应适时进行分栏、阉割、烙印、称重、量体尺等，应形成制度，按时进行，断奶驹的管理要精细，注意适度运动，及时修蹄，耐心驯导。必要时公母驹应分群管理，预防偷配早配。断奶一般在 9—10 月份进行，所以断奶后很快就进入冬季。如果入冬前马驹体况不好，会给越冬带来很大的障碍，所以一定要利用时机，抓好秋膘。每天根据具体情况给以充足的饲料，并保证有一定的放牧时间，得到合理运动，安全进入冬季。过冬后，到了第二年春天，幼驹已满周岁，有一定的独立生活能力。公、母马都接近性成熟，为防止过早交配，应把公、母马分开管理；在放牧前要修蹄，开始放牧时应由舍饲逐渐过渡到放牧饲养。公驹到了 2～2.5 岁时若不作种用就应去势，否则不便管理。

④幼驹断乳后的饲养规程。6～12 月龄幼驹骨骼生长很快。由于消化能力有了较大提高，所以在保持蛋白质比例的同时，应适当提高饲草和添加剂的含量，分别由 50%、3%提高到 56%和 10%；总采食量（干物质基础）可仍按照每 100 kg 体重给予 2.5 kg 定额，每天饲喂次数则是早中晚精饲料平均 3 次喂完，每次喂精饲料时，同时也饲喂粗饲料，晚上再喂一次夜草，占干草量的一半。

在饲养上，根据马的生长发育特点，在不同时期给予不同配方的饲料，以培育不同体型的马。因为马的用途不同，所适合的体型也不同，如需要体高的则应在生长发育的前期给予富含营养的饲料；若需要体长和增大胸围的，则应在生长发育的后期给予富含营养的饲料。下面介绍一下具体的方法：

a. 要想得到粗大型的马，则应在出生后的前 6 个月给予丰富的营养，而当马达到 1～2.5 岁时再给予丰富的营养，使马体躯长而粗重。

b. 要想得到轻型马，则在出生后到 1.5 岁期间给予丰富的营养，1.5 岁以后降低营养标准。

⑤断奶驹的训练。1～2 岁是马驹重要的生长阶段。在这一阶段，胸围、体长增长较快，大约 20%的成年体重在这一年内形成。同时又面临性成熟期和马驹发展方向的确定双重任务。因此，在确保正常生长发育的前提下，运动和驯导是这个阶段管理工作的重点。日粮蛋白质的浓度不能降低，保持在 15%～16%，逐渐减少精料的投喂。在非训练状况下，精料由 12 月龄的 30%左右降低到 24 月龄的 15%。年满 1.5 岁后，马驹开始调教，每天运动时间要保证 2 h。此时要根据训练强度，调整饲草和精料比例，以满足不同训练强度的能量供给（表 2-4）。

表 2-4　马驹 24 月龄不同训练强度日粮需要 %

训练强度	饲草	精料	添加剂	蛋白质	氨基酸	钙	磷
休闲	55.56	15.96	28.49	14.96	0.5	3.54	1.68
轻度	55.56	24.61	19.84	15.42	0.57	2.78	1.38
中等	55.56	33.26	11.19	15.89	0.63	2.03	1.07
繁重	51.17	38.6	10.24	15.89	0.64	1.97	1.07
强烈	52.6	42.08	15.31	15.41	0.61	2.45	1.32

驯导马驹是管理工作的重要内容，特别是种用、竞赛、骑乘用马驹。驯导工作是以马匹行为学、运动生理学为基础，顺应马驹的生长发育规律，能动地诱使马驹体察人意，服从指使，达到培育出优良马匹的目标。

⑥断乳后母马的饲养管理技术规程。在小马驹断乳期，母马的照顾及断乳需要认真对待。小马驹断乳的前几天，母马很可能会因为涨奶而产生乳房发热、疼痛、乳房感染发炎，甚至发烧等症状。因此，在母马断奶阶段，要减少饲料中的精料量，并提供母马足够的运动量。尤其是针对某些母性特别强、乳汁特别丰富的母马，甚至只提供较不营养的干草，完全不给予任何精料及谷物。在这段时间，需每天检查母马的乳房，如果发现乳房肿胀、母马发烧并且伴随疼痛带来的焦躁不安，则需要进行人工排乳、给予停乳药物及抗生素的治疗。一般而言，并不鼓励进行人工排乳，因为此做法会持续刺激乳汁的生成。

三、运动用马饲养管理技术规程

运动用马在培育调教期间和竞赛时的营养需要和饲养标准，迄今还没有较权威的报道，但是应当明确无论是维生素、矿物质、蛋白质，还是其他营养物质，它们在日粮中都应有一定的限额，过高的营养水平会使机体代谢发生紊乱。运动用马的管理和训练都有着自己的要求，必须严格遵守。

（一）运动用马饲养原则

1. 少给勤添

每次饲喂的量要考虑马匹白天训练的负担，做到训练前要少喂，如主要训练在上半天进行，则早上喂25%的饲料，中午40%，下午35%。当主要训练在下午进行时，早上喂40%的日粮，中午25%，晚上35%。白天比赛，要减少粗饲料的份额，增加高能量易消化饲料数量。以德国马的饲养为例，首次喂5.4 kg，第二次喂1.3 kg，第三次喂3.6 kg，最后一次喂1.8 kg，牧草则让马自由采食。一般定量每日喂精饲料8 kg，每周一次麸皮粥，干草3～4 kg。非竞赛日减精料1/3～1/2，以防马体过分增重。

2. 赛时喂糖

竞赛期间供给糖（葡萄糖）可以促进马匹机体里能量的储积，提高工作能力。推荐运动用马每日饲喂300～500 g糖（或葡萄糖）。特别在白天比赛时，要在赛前1～2 h喂糖。

3. 定时饲喂

定时饲喂可使马匹养成条件反射，促进消化液的分泌，使饲料消化良好。谷物饲料的饲喂不要晚于训练开始前2～3 h，训练时马不要空腹。一次有效的谷物给量不要超过2 kg。每昼夜精料（燕麦）分早、中、晚3次喂给，而在比赛有训练任务时，每昼夜可增加到4次。

4. 正确组织赛期饲养

临近晚上时要减少干草的数量。早上干草给量减少到700～800 g，在精料（燕麦）中添加200～250 g糖。

5. 适时地饮水

运动用马的饮水、季节、空气温湿度、饲料含水量、工作的性质和完成的多少与个体特点有关。一般冬季25 kg，夏季30 kg，负重工作时饮水可达50 kg。为避免患病，马不应喝冷水（低于6 ℃），适宜的水温为7～12 ℃。紧张的工作后不要急于饮水，稍事休息后，第1次饮水也不要太多。剧烈的训练和比赛期间给马喝稍咸一些的水（1桶水加3～4匙盐），不仅可以补充机体水分，也能维持机体正常的渗透压。

（二）运动用马饲养标准

在运动用马的日粮中，精料的饲喂量应随着马匹运动量的增加而加大，粗饲料的采食相应减少。一匹成年马每天自由采食的干饲料量（包括粗饲料和精饲料）一般为其体重的 2.5%左右，如一匹体重 600 kg 的马每天需吃约 15 kg 干饲料（600×25%=15 kg）才可维持其生命和活动能力。若马匹消瘦可在正常喂量基础上适当增加一些，而过胖的马可适当减少一些。运动用马通常实行的是精料饲养，以高营养浓度的精料为主要营养来源，再给一定量的粗饲料来平衡其中所给精饲料量，即粗饲料与精饲料的比例应根据每天马匹调教训练的强度或运动量而定。对休息不运动的马匹可只给粗饲料不给或少给精饲料。

1. 不运动

马匹不运动每天仅喂给优质干草，不给精饲料就可维持马匹的正常状态。

2. 轻度运动

每日有 1 h 的运动时间，主要是慢步和快步，日粮的 15%为精料。

3. 中度运动

每日平均有 1.5 h 的运动时间，包括越障跑步或袭步等，日粮的 30%为精料。

4. 重度运动

每天有 2 h 的运动时间，包括袭步或参加比赛等，日粮的 45%为精料。

5. 极重度运动

如参加定点越野赛、三日赛、长途赛等，精料可占日粮的 55%。

精料比例也不可过高，否则会导致马匹消化不良，胃扩张等胃肠道疾病。因此无论在任何情况下，马匹每天所采食的粗饲料量都不能低于其体重的 1%。由此可见，粗饲料的饲喂量有一个下限，而精饲料的饲喂量有一个上限，具体的饲喂量则要依实际情况而定。

（三）运动用马的日粮

运动用马对营养的要求极高，而且不容易补充。这是因为它全年训练，一年多次参赛，平时吃不上青草，易缺乏维生素 A、维生素 D、B 族维生素及 Ca、P 和蛋白质，但在竞赛时要短时内激发出很大力量，比平时需要更多营养物质、维生素和微量元素。马是草食家畜，因而要求饲草中优质牧草要占 85%，配合饲料的基本成分为麸皮、紫花苜蓿、燕麦、玉米、谷壳（或切细稻草）、大麦、亚麻子、胡萝卜、水萝卜、食用油、石灰石粉、大蒜粉、矿物质、苹果、糖浆、盐等。不同体高运动马匹日粮给量见表 2-5。

表 2-5　运动用马日粮给量

体高/cm	120 以下	120～130	130～140	140～150	150～160	160 以上
饲料/kg	6.3～7.2	7.2～8.0	9.0～10	10～11	11～12	12～12.5

下面以俄罗斯和美国为例介绍运动用马的日粮情况。

1. 俄罗斯

高产量运动用马的形成和表现，只有在全价饲养情况下才会产生，因而日粮应有充分的总营养价值，保证有机体对可消化蛋白、维生素、微量元素和矿物质的需要。俄罗斯运动用马的典型日粮见表 2-6。

表 2-6　俄罗斯运动用马的典型日粮

成分	500 kg 活重	
	比赛期	休息期
豆科干草/kg	7	8
燕麦（谷物）/kg	7	5
玉米（谷物）/kg	1	—
草粉/kg	1	—
添加剂/kg	0.1	0.1
黑色糖浆/kg	0.5	—
麦麸/kg	—	0.5
食盐/g	—	33

运动用马日粮总营养价值为 10～13.7 饲料单位（1 饲料单位＝2 500 大卡代谢能）。1 个饲料单位应含 100～125 g 可消化蛋白，5～6 g Ca，5～6 g P，15～20 mg 胡萝卜素。如果马饲喂日粮总营养价值不能抵消训练和比赛中能量真正的消耗，就会导致马匹运动形态变差和体况的下降。因而运动用马应每匹单独配备日粮，清除饲料杂质，保证全价的营养物质。

运动用马日粮组成应是多种多样，各龄马饲养标准依性别、活重、完成工作和其他条件分别拟定。还应根据马匹膘度，经常酌情调整。

2. 美国

马匹具有良好的体况和工作能力是衡量日粮平衡的指标。运动用马精料喂量一般应占日粮总量的 40%～50%，可根据实际情况进行调整。干草应是高质量牧地优质干草，收割适时，颜色青绿，叶子无尘土、生霉。放牧地应经过清理，不应有坑穴和障碍物，避免马遭受创伤。马匹饲槽分盐槽和矿物质添加剂槽，料槽饲料不应有太多灰尘和发霉饲料。要保证供应清洁新鲜的饮用水。美国用于运动用马的典型日粮见表 2-7。

表 2-7　美国运动用马的典型日粮

饲料	日粮含量/%[a]
蒸过的压扁开头麦	35.00
打碎的玉米（或蒸过压扁大麦）	10.75
蒸过压扁大麦（或打碎的玉米）	12.25
小麦麸	7.00
脱水的苜蓿粉（蛋白质 20%）	8.00
黄豆饼（4%～5%脂肪）	15.00
糖浆	7.00
磷酸氢钙（或其他钙和磷的来源）	2.00[b]
粉状石灰石	0.75[b]
富含微量元素的食盐	1.00[c]
维生素制剂	1.00[d]

a. 日粮应含 18%的蛋白质，1%的 Ca，0.9%的 P。

b. 此外马匹能自由采食食盐和矿物质饲料。

c，d. 运动用马维生素混合制剂成分和每千克日粮微量元需要量见表 2-8 和表 2-9。

运动用马维生素混合剂成分见表 2-8，运动用马所需矿物盐的浓度及每千克日粮所需量见表 2-9。

表 2-8　运动用马用维生素混合制剂成分

维生素	用浓缩料作填料 454 g 制剂中合
维生素 A	4 000.00（IU）
维生素 D	40.000（IU）
维生素 E	800（IU）
维生素 K	200（mg）
维生素 B_1	240（mg）
维生素 B_2	400（mg）
烟酸	1.2（g）
维生素 B_6	120（mg）
泛酸	480（mg）
胆碱	6.0（g）
维生素 B_{12}	1.2（mg）
叶酸	120（mg）

注：1. 浓缩料作填料的维生素混合制剂，可提供总需要量的 1/2，其余由饲养和放牧提供。2. 在 454 g 用浓缩料作填料的维生素混合制剂中，还可加入维生素 C 5 g，对氨基苯甲酸 2 g；肌多糖类可占日粮 0.1%～0.3%。

表 2-9　运动用马所需矿物盐的浓度及每千克日粮所需量

微量元素	矿物盐浓度/%	每千克日粮所需量/mg
碘	0.018	1.8
铁	1.000	100.0
铜	0.100	10.0
钴	0.010	1.0
锰	0.400	40.0
锌	1.000	100.0
硒	0.001	0.1

注：若日粮矿物盐总水平少于1%，则硒需要量应少于0.1 mg/kg日粮。

（四）运动用马的设施

在骑乘运动学校或俱乐部里，与运动用马相关的建筑设施是一个综合体，可饲养20～80匹或更多的马匹。综合体有一带顶盖的练马场（24 m×60 m），行政、业务和教学用房，马房（单间马房面积不小于3 m×4 m，地面离天花板高度3.4～4 m），隔离室，辅助马房，带练马场的竞赛用场地，有障碍赛路线的跑马场等。

马房建的要明亮、干燥，具有良好的自然通风条件，但不要有过堂风。马房适宜温度：冬季在6～8 ℃，夏季应凉爽。采光面积的比例为1∶(10～12)。安上纱窗，放置自动捕蝇器，单马房中装有压水式自动饮水器。马房的单马房和过道的地坪采用三合土（添加5%～7%水泥）或沥青铺就，骑乘运动场的墙外设有化粪地。为给马匹创造良好的休息条件，厩床上的垫草应是干燥、清洁和丰富的，有利于吸湿和吸附氨气。马房每天都要仔细清扫。饲槽大小要适当，牢固、易清洗。门做成双开推拉式。

（五）运动用马的饲喂方案

马需要适合其体重和体质的饲料以满足训练需求。合适的液体摄入量加上优质的干草，以及少量多次喂养是良好的喂养计划需要遵循的原则。应通过补充适合马比赛训练的特定能量需求，尽可能地还原马的天然进食习惯。

1. 少量多次喂养

运动用马普遍实行舍饲饲养，舍饲马需要人工饲养来保持健康，故马的健康和运动能力在很大程度上取决于科学的饲养。在自然环境下，一匹马大约60%的时间都在吃草，喂养方式应尽可能地贴近这一点：一天中尽可能持续地喂马，频繁少量进食比两顿大餐更易消化。马的饲料中最重要的部分是高质量、干净的干草，因其提供了粗纤维和马所需的12%的蛋白质。如果这样的干草可以不断地供应，一匹成熟的马可能每天会吃9～11 kg，这不仅能满足马基本的能量需求，而且容易消化，降低发生肠绞痛的风险。另外，这样还会使马有饱腹感，花费大量的时间进食也可以避免它感到枯燥。精饲料，如燕麦或坚果仅能满足前两个需求（纤维和蛋白质），随着训练强度的提高，这也是马饲喂所必须遵循的。一匹马一次最大限度不要进食超过 1.8 kg 的燕麦或 900 g 的坚果（理想情况下甚至更少），否则它有可能发生肠绞痛，而且只有部分食物能被消化。

2. 饲喂次数和饲喂量

每昼夜饲喂 2～5 次，确保马匹食入足够营养，同时又适应所采用的方法。通常日喂 3～4 次（包括喂夜草 1 次，夜草量占整个草量的一半）比较合理，最好严格定时定量给马喂饲料。有规律的喂养可以使马对营养成分的消化和吸收效率达到 40%。马每 45 kg 的体重需要约 1.1 kg 的饲料，所以以一匹 450 kg 的马为例，每天需要 11 kg 的干草和精饲料，运动用马精料喂量一般应占日粮总量的 40%～50%，即精料是 4.4～5.5 kg/d，平均 5 kg/d；干草是 5.5～6.6 kg/d，平均 6 kg/d，再根据实际情况进行调整，平均分 3～4 次（包括喂夜草 1 次）喂完，其中夜草量占到 50%，精料早中晚平均 1.7 kg/次，干草 1 kg/次，晚上最后一次干草 3 kg。这是运动马正常训练时的饲喂次数和饲喂量，运动用马运动量加大和竞赛时的饲喂次数和饲喂量，要参考前面所述运动用马饲养原则。一般来说，马每 45 kg 体重最多可消耗 450 g 的精饲料；如果精饲料增加，每 450 g 精饲料配比的干草应减少 300 g。稍进食而不是过量喂养是明智的，否则马可能变得精力过于旺盛。坚果搭配颗粒饲料是一种便捷的方法，能精准满足马的需要，还可以给马喂加盐的普通燕麦。在训练中，如果马出汗，则需要更多的盐，所以在整份饲料中每天可以添加 50～60 g 的盐，或使用盐砖随时供其使用。盐可以刺激马的唾液分泌，对体液水平和血液质量至关重要。缺盐会导致马痉挛，痉挛的另一个常见原因是马突然摄入高营养精饲料、半干草料或苜蓿。一般来说，健康的马不需要含有矿物质和维生素的补充剂。摄入过量的矿物质实际上会伤害马，一些维生素也是如此。为确保马匹摄入适量的添加剂和补充剂，要定期对马进行血液检查。此外，每年应分析两次马的粪便样本，以确定所需的驱虫方案。

3. 饮水方案

成熟马的身体组成成分 50%是水。没有充足的液体，马的身体将无法发挥其功能，如果血液不能带来营养物质，消化系统就会失效，马就会饿死。水是饲养的第一要素，但由于水桶和水槽较脏，或者没有及时饮水，许多马会慢慢脱水。在正常情况下，一匹马每天需要 36～55 L 水，天气炎热时需要的更多；如果马进食的是潮湿的、新鲜的草，则水的需求量会降低。草中约有 80%的水和马所需的天然营养。喂干制食品时，如干草和坚果，提供充足的水尤为重要。这适用于整个比赛和旅途中。马在身体恢复之前、大量训练之后，必须立刻摄入液体。

4. 参加不同运动时的饲喂方案

（1）无氧运动和有氧运动时的喂养。对于参加无氧运动的马，如赛马，在比赛前 8 h 应禁止喂食干草，并在其快速运动前 2～3 h，给予精饲料。450 kg 的马应每顿喂

1.3～1.8 kg 的饲料。这可以减慢消除马对干草的饱腹感，同时提供无氧运动所需的能量。对于障碍马，几乎是相同的方法，但需要减少 1/2～3/4 的干草。对要训练一整天的马来说，比如耐力训练时，在前一天晚上和当日全天，应给予其正常量的干草（不是苜蓿或半干草料，它们的营养价值太高）。马咀嚼草或干草有助于保持能量的存储，在比赛前 8 h 内坚持喂食，在比赛期间不要喂食，因为消化食物将从最需要血液的肌肉处转移一部分血液供应。

（2）越野赛马。对于越野马，在比赛前 4 h 内禁止喂食干草和精饲料，不得在比赛中进食，但应定期提供液体。电解质含有维持马正常身体功能所需的矿物质，但电解质会因马长期出汗而被消耗。因此，在旅途和比赛中应喂电解质，但只能在这种情况下喂电解质。电解质可以加入水中，也可以在马运动后直接饮用，加入葡萄糖可以使其口感更好。

（3）盛装舞步马。盛装舞步马看起来有些笨拙，并不是因为马过胖，而是因其肌肉发达。如果马能保持稳定的体重，运动时具有充足的能量，并有着柔软的皮肤和光滑的皮毛，那么该喂养方案就是可行的。

（4）前往比赛地。当马匹到达比赛场地时，我们希望在经过数周的最佳喂养和训练后，其处于最佳状态。只要旅途愉快，并且马的身体偶尔可以转向后面，而不是一直面向前面，大多数的马都会表现得很好。运输马匹的隔板应不高于马腿的顶部，以便需要时马可以伸展腿保持平衡。马应戴上旅行护腿或有同样防护功能的用具——戴在腿上并覆盖马蹄、膝盖和飞节周围。用绷带缠起尾巴对马来说并不舒服，因为绷带会擦拭马尾部敏感的皮肤，绷带也会滑动或收紧，简单的护尾是有效和安全的。临行前的 12 h 内减少 25％的饲料。在旅途中，良好的通风和定期检查对马是至关重要的。定期为马提供水和少量的干草，但不要提供精饲料。在漫长的旅途中，最多可以提供 50％的饲料，这是因为马的消化功能可能因路途遥远而受到不利影响。

（六）运动用马的管理

在每一个运动用马的综合体里都会建立自己的日程，规定马匹的饲养、饮水、清洗、收拾马房的时间和进行训练的时间。此外还分配了整理挽具、鞍具和其他用具时间。马房除每日清扫外，还要定期用漂白粉或 3％～5％克辽林溶液杀虫，随之通风换气。

刷拭可在拴马桩上，也可在马房走廊上进行。马若十分干净，可只在每天早晨刷拭一次，晚上或训练后仅刷拭有污垢的地方。马有汗或身上潮湿，应在工作结束后马上刷拭，刷拭时对待马的态度要温和谨慎，其用具有扫帚、鬃刷、铁刨子、海绵、小块呢子、毛巾等。近几年风动清洗盛行，这种方法卫生、省力同时具有按摩作用，一般可用家庭吸尘器，吸头用金属刨子。

一些国家在运动用马的厩舍里安有淋浴装置。为使出汗马体较快干燥，预防秋、冬感冒，可用机器将运动用马的被毛剪短；秋冬淋浴后的马可用烘烤装置（如红外线）烤干，披上带风帽的马衣，然后送入单马房。运动用马淋浴水温为17～18 ℃，正出汗的马不可洗澡。

护蹄对运动用马有特殊的重要性。要保持蹄的清洁，维持它的正常湿度和弹性，适时的修削和钉蹄铁，以维持它的良好形态。

刷拭清洗时，对外出训练和比赛马的蹄，要将泥土污垢全部清除，并检查蹄的坏蹄壁质的完好性。为保护好蹄，应当在气温超过10 ℃时才用水洗。洗蹄后再洗四肢下部皮肤，个别的地方要刷，注意一定要把蹄擦干，避免发生蹄炎。

修蹄的目的在于清除不良角质，使蹄具有正常的形态和良好、致密的组织，要定期对蹄进行修削。

（七）运动用马的训练原则

骑乘运动对马有相当复杂和较高的要求，马匹需要适应各种障碍类型式样和尺寸，越野赛复杂的地貌，多变的环境及各式各样声音、颜色的刺激，这就要求运动用马需要练就许多复杂的反射。

运动用马的工作，不仅表现在对运动有效的条件反射，而且通过紧张持久的神经—肌肉活动，使各器官的功能都得到充分的表现。如生理生化指标发生大的变化，由于运动用马类型多样，要求教练员和骑手不仅应有丰富的实践经验，而且要有生理学及与其相关的理论知识，明确所解决的训练任务的必要性和可能性；熟知马匹工作和休息的相对关系；了解训练和比赛后的合理恢复期，饲养标准等问题。

运动用马训练的主要任务是练出马匹必需的运动反射，尽可能地发展和完善机体动作，使马匹能表现出最高的工作能力。实践证明马匹的训练由于性格、气质和悍威上的差异，不可能是统一的模式，所以每匹马都要区别对待。

运动用马训练的原则应当是：

1. 目的性

这由比赛的种类决定，应通过调教训练，帮助马匹练成必备的素质和顺利参赛的体能。

2. 渐进性

通过调教训练可使马匹形态学和功能性结构得到改进，从而使马体达到理想的变化，过早增加难度会使马匹过劳，对马匹健康有害。因而应当遵循先易后难的原则。

3. 多面性

有机体是统一整体，多方面的调教可以改善器官的功能性活动，使马匹获得高度发展的速度力量和坚硬韧性，研究表明，随着科目强度的增加，马匹生理指标测定值会有明显的增加，但经过一段时间又都能恢复正常。

4. 系统性

调教训练必须以系统性和连贯性为前提，对全年训练作整体安排。掌握正常的训练和休息时间更替，保持训练有一定的强度和正确的科目组合。无故间断训练会使马匹过早地、不准确地运动条件反射，降低马匹工作能力。

必须注意马匹每次调教都要考虑它的生理状态、健康状况、调教程度、年龄特点等。经过一年的训练，也应根据训练水平、年龄、性别、功能的特殊性给予马匹1～1.5月的积极休息时期，在宽敞的牧地放牧饲养。

（八）运动用马的畜牧兽医检测

运动用马在竞赛前、竞赛中和竞赛后都要由畜牧师或兽医师实施畜牧兽医检测。通常马匹生理状态、训练程度、消除疲劳的能力各不相同，可以通过临床指标（体温、脉搏和呼吸），血液学和生物化学测得的数据及马的活重变化得到反映。通过对静止状态，定量工作之后和竞赛之后指标的研究，查明它们变化的可靠规律，从而揭示出哪些马匹的训练较好，哪些马匹训练的不充分，进而改进训练方案和方法，防止不正确的训练对马体的损害。同时对饲养、管理照料等方面的工作质量也能够予以反映。

运动用马的临床指标（表2-10）测定是在早晨和工作以后进行。早晨的检查应在马房里，在饲喂和工作之前进行，如将马牵出厩、慢步，马匹的脉搏和呼吸也会增加。工作后临床指标测定第1次在训练结束后马上进行；第2次在训练结束后10 min进行；第3次在训练结束30 min后进行。

表2-10 运动用马临床指标

马的状态	脉搏/（次/min）	呼吸/（次/min）	体温/℃
静止	24～36	8～14	37.5～38.4
中役后马上	72～100	36～60	38.9～39.5
中役后1 h	30～44	10～18	37.7～38.5
剧烈工作后马上	88～120	60～104	39.5～40.5
剧烈工作后1 h	34～48	12～24	38.0～38.6

此外，还可做血液学和生化指标的测定，如血红蛋白的含量，红血球数，碱储，血糖，乳酸含量，白血球数，血中Ca、K、P含量等。采用监测心电图的方法对评定运动用马动作状态、训练水平以及对心脏受损情况的诊断，也有着重要意义。

可以通过分析生理生化测试结果，决定马匹训练强度，训练时间以及训练方式。有些国家还设计了标准化训练测试分析马匹健康和运动状况（表2-11）。科学解决赛后马匹过度疲劳和尽快恢复的问题。

活重变化是评定运动用马状态的标准之一。经调查发现合理训练、全价的饲养对完全成年马的活重影响不大。如盛装舞步赛马易损失体重平均为0.7%，越障马为

2.7%～2.8%，三日赛马为4%～5%，长途赛马为4.7%～9.1%。训练良好的马匹训练比赛后体重相对比训练不足的马减轻的要少，而且恢复得也快。训练良好的马发生运动损伤的比率也小。

为了提高运动用马的性能和在比赛中能有稳定良好的结果，可将上述畜牧兽医检测资料填入专门卡片，以便在拟定每匹马的训练、管理和饲养方法时，作为可参考资料。

表 2-11　评定运动用马动作状态和训练程度临床指标标准

训练程度	脉搏 /(次/min)	呼吸 /(次/min)	体温 /℃	临床指标变化
静止				
训练良好	22～34	6～12	27.2～38.3	依动作状态变化和训练程度降低而增加
训练不足	34～44	10～18	37.5～38.5	依动作状态改进和训练程度增高而减少
定量工作之后				
训练良好	57～76	22～32	38.5～39.0	工作后30 min减少90%～100%
训练不足	66～88	32～48	38.8～39.5	工作后30 min减少65%～70%
比赛之后				
训练良好	108～122	72～104	40.0～41.5	比赛后10 min减少25%～30%
训练不足	96～142	62～100	40.5～42.0	比赛后10 min减少10%～15%,但有时相反,有些还继续增加

（九）运动用马的运输

运动用马的运输工具有火车、汽车、飞机、轮船等。无论采用何种运输手段，运动用马的规章制度都是相同的。马匹要十分健康，运送前每匹马都要经兽医检查，并附上兽医证明书，证明马无传染病。途中要保证给马匹充足数量的优质干草和饲料。

任何装运马匹的运输工具，事先都要进行认真的准备、洗刷、消毒、检查并清除锐利物和钉子。装卸马匹要建造专门的栈道（站台）或舷梯。不赞成运输工具上不同性别的马匹并排安置。途中应有目的地预防马的传染病和其他疾病，并严格遵守兽医卫生和畜牧学的要求。运输工具内要保持适宜温度，遵守饲养和饮水制度，途中要每天刷洗马，按摩四肢，及时清理粪便等。

一些国家铁路运输马匹有专门的车厢，马匹顺车厢装，可排4～8匹马，头朝向两门之间的地方，拴系在专用木杠上。专用汽车运输马匹，可装2～8匹，甚至12匹；也有装1匹或2匹的连挂车，这是专门运输马匹的轻型汽车，如果路途太长，必须每经10～12 h将马卸下休息。行驶中的“贼风”，可使马患感冒，应注意预防。

马匹用船水运，特别是海运，准备工作需更仔细，为避免因风雪天气给马匹造成外伤，货舱中要有保护马的装备。马匹上船应选在良好天气。远距离运输还可用飞机，现代已有马匹运输专用飞机，内有防止飞机起降马匹创伤的装备和适于马匹上下的门。飞机要保持适宜的温度，避免过热使马感冒。适时给马以安抚手段，整个飞行过程都要有专人守护。

（十）运动用马饲养管理的注意事项

1. 调教期间的马匹应予以特殊对待

人类的寿命平均为70岁，而马匹则为20岁，马匹1周岁开始调教，相当于运动员3.5岁开始训练。这意味着马驹四肢要经受重载的考验。当四肢骨骼和韧带生理性发育还不充分时，急切而剧烈的调教和重载，会使大多数韧带和器官受损。正因如此，纯血马经调教期后仅有50%能到达跑马场，一年后跑马场又仅剩20%，即只有1/10的马留在了跑马场。这也是调教期间马匹应予特殊对待的原因之一。

骑乘运动的成绩取决于骑手和马匹心理学的相容性，也就是说不仅直接取决于骑手心理状态的准备，也取决于马匹心理学和生理学的状态。鉴别马神经系统的特点要从力量、稳健性、灵活性三个方面入手。骑乘运动要求人马配合，精神集中和心理沟通，这就要求调教教员和骑手要有耐心和韧性，以温和的态度，巧妙的奖励，激发马的良好倾向和信任感。不要轻易下“难于调教”的结论，使马匹的利用潜能得不到发挥而结束自己运动生涯。

2. 提高能量的有效利用率

竞赛马匹的能量需要为逍遥运动马匹的7～8倍及以上，摄入的能量和氧气不足会严重影响竞赛马的成绩。实验表明，糖原和游离脂肪酸，在马匹肌肉利用的能量中起主导作用。受过良好调教训练的马匹，能够除糖原外，有效的利用脂肪来满足竞赛中能量增加的需要。需要注意的是给日粮中添加脂肪，必须补充和提高为维持正常能量和氨基酸比例关系的蛋白质水平。当增加日粮中脂肪的数量时，也会改变维生素和矿物质的水平。实践证明，日粮中添加12%的植物性脂肪混同100国际单位维生素E，效果最佳。

3. 钙对马匹工作负荷的影响

研究表明，剧烈的工作会增加钙在马机体内的滞留，工作时的马骨组织代谢比安静时积极。但钙和其他矿物质在马匹类型、工作强度、负重周期、马匹年龄、骑者体重、周围环境的温湿度等方面对马匹的影响仍需进行一系列试验。同时应当结合比重、骨骼断裂抗力和骨骼牢固性等其他指标综合考虑。

4. 长期繁重工作对马匹的影响

长期繁重工作会引起马匹体液丧失和大量排汗排出电解质，使其盐平衡遭到破坏，而热天长途行进的马，血中钠和钙的含量也会降低；过分重载会引起心跳过速和电解质水平的变化，特别是钙和钾。进行耐苦性的试验还发现，马匹有碱中毒的征候。通过进行多方面的耐苦性试验，不仅可以确定马匹对水和矿物质的补充需要，而且能揭开马匹生命力储备，跃障的耐苦性和奔驰力之谜。

5. 运动用马膘度

在培育和调教时，管理良好体况的马不允许有过多脂肪或过分清瘦。

【典型人物案例】

孟军，汉族，1986年10月出生，博士，副教授，博士研究生导师，新疆农业大学动物科学学院副院长。

2007年7月毕业于扬州大学动物科学专业，获学士学位。2010年7月毕业于新疆农业大学动物遗传育种与繁殖专业，获硕士学位。2013年7月毕业于新疆农业大学草业科学专业，获博士学位。主要研究方向为马的遗传育种与性能调教训练与测定。主讲马属动物生产学和畜产品加工学本科生课程。

主要从事马产业科学研究和教学工作，自治区马驴驼产业技术体系特聘专家，治区重点实验室“新疆马繁育与运动生理重点实验室”副主任，自治区马产业天山创新团队负责人。2020年获得自治区教学能手称号。先后荣获自治区教学能手、自治区科技进步一等奖（排名第三）、自治区教学成果二等奖（排名第二），第四届中国“互联网+”大学生创新创业大赛优秀创新创业导师等荣誉，入选国家人才专项计划。指导学生参加全国大学生马场技能大赛获团体一等奖、最佳方案设计奖、获优秀指导老师称号；指导学生“互联网+”大学生创新创业大赛全国银奖1项，铜奖1项，获自治区各类创新创业奖项10余项。主持省部级马产业课题5项，申请专利7项，编制标准10余项，获批软件著作3项，发表论文20余篇。锦标赛获得团体冠军、个人冠军、国际挑战赛个人冠军；主持国家科技支撑子课题1项，自治区重大专项子课题2项，自治区青年科技人才培养项目1项，自治区天山创新团队项目1项。获新疆维吾尔自治区科技进步一等奖1项（排名第3），新疆维吾尔自治区教学成果二等奖1项（排名第2），新疆农业大学教学成果一等奖1项（排名第2），新疆农业大学科技成果一等奖1项（排名第5），主编论著1部，副主编论著1部，发表教研论文3篇，科研论文16篇，制定自治区地方标准7项，授权软件著作权1项。现担任学术兼职：国家马产业技术创新战略联盟副秘书长；中国畜牧兽医学会马学分会理事。

典型人物事迹感想：

典型人物工匠精神总结凝练：

【任务环境要求】

马场或马术俱乐部至少应有20匹以上的马、一栋以上设施齐全的马房及马房附属设施、齐全的马房清理用具、马匹骑乘成套设备和马匹所需的各种饲料。

【任务目标与质量要求】

学徒独立完成各类马饲养管理操作任务，饲养管理效果评价良好。具有较强的组织和协调能力，能独立处理各类马匹饲养管理过程中各类突发事件，完成学徒任务。

【工作任务实施】

教学过程设计（教学环节）		任务内容	学习活动方法	学习时间
岗上学习		任务咨询	学徒小组开展	40天
教学活动1	岗前培训	岗位技能标准、规范、注意事项	师徒互动（小组讨论）完成任务单	3天
教学活动2	岗上技术指导	一般技术指导：马房种马饲养管理技术、幼驹饲养管理技术和运动用马饲养管理技术	现场技术指导、师徒互动（小组讨论）完成任务单	3天
		综合能力指导：正确选择马匹饲料和饲料配比技术；正确制定种马、幼驹和运动马饲喂规程；合理操作种马、幼驹和运动用马饲喂过程	现场技术指导、企业综合评价	4天
教学活动3	顶岗工作	独立承担马房各类马匹饲养管理工作	独立承担岗位工作	30天

【岗前培训】

岗前培训必选项目：

（1）企业安全生产制度。

（2）马房马匹饲养管理岗位相关工作理论、岗位技能培训。

（3）岗位任务工作规程、程序

①马房马匹饲养管理前的准备工作：干草、精饲料、添加剂、装草和装精饲料用

具，干净水及装水用具的准备。

②马房马匹饲养管理工作：各类马匹饲喂工作、马匹饲喂健康观察和马匹管理工作。

③做好马房日常管理工作。

④马房工作记录规范，做好马房生产数据的记录工作。

岗前培训过程记录表

序号	岗前培训内容	培训形式	完成情况	培训师傅	培训日期
1					
2					
3					
4					
5					

岗前培训内容考核表

序号	培训内容	考核形式	考核情况记录	考核记录人	等次评定（优、良、中、差）
1					
2					
3					
4					
5					

【岗位技术指导】

1. 日常技术指导

(1) 能按时完成种马、幼驹和运动马饲喂工作。

(2) 能适时观察马匹吃饲草料和饮水状况。

(3) 控制饮用水的清洁卫生工作。

(4) 能正确进行饲料品质的鉴定。

(5) 适时对马匹的饲料设备进行维护和清洁工作。

(6) 协助马房主管完成饲草料的运输和贮存工作。

岗位一般技术指导过程记录表

序号	技术指导内容	学习完成情况	指导师傅	指导日期
1				
2				
3				
4				
5				

岗位技术指导跟踪（考核）过程记录表

序号	指导内容	改进提升情况	跟踪记录人	记录日期
1				
2				
3				
4				
5				

岗位一般技术指导环节工作记录

（1）马匹饲喂前工作完成记录表

项目	完成情况	师傅评定	备注
马匹饲喂用具的清洁			
饲草料的配比			
饲草料运输工具的准备			
饮水用具的清洁			
准备好清洁卫生的饮用水			
马匹吃饲草料情况观察			
制订马匹饲草料储备计划			
马匹特殊饲喂的处理			
添加剂的准备			

(2) 马匹饲养管理技术

①种公马饲养管理技术

项目	操作方法和要求
训练时间	
训练内容	

②母马饲养管理技术

项目	操作方法和要求
训练时间	
训练内容	

③哺乳驹饲养管理技术

项目	操作方法和要求
训练时间	
训练内容	

④断奶驹饲养管理技术

项目	操作方法和要求
训练时间	
训练内容	

⑤运动马饲养管理技术

项目	操作方法和要求
训练时间	
训练内容	

⑥马匹饮水技术

项目	操作方法和要求
训练时间	
训练内容	

⑦马匹饲草料配比及贮藏技术

内容	操作方法和要求
饲料的选择	
饲料的配比	
饲草的堆放	
饲料的贮存	

⑧马匹饲养管理效果的评价

<table>
<tr><th colspan="2">评价项目</th><th>评价方法</th></tr>
<tr><td colspan="2">马匹饲养草料准备</td><td></td></tr>
<tr><td colspan="2">马匹饲喂设备的准备</td><td></td></tr>
<tr><td rowspan="3">马匹饲养管理工作过程</td><td>种马饲喂过程</td><td></td></tr>
<tr><td>幼驹饲喂过程</td><td></td></tr>
<tr><td>运动马饲喂过程</td><td></td></tr>
</table>

⑨马匹饲养管理工作过程登记表

时间/d	1～3	4～6	7～10	11～20	21～30	31～40
马匹饮水训练						
马匹饲料的选择与配比训练						
种公马饲养管理训练						
母马饲养管理训练						
哺乳驹饲养管理训练						
断奶驹饲养管理训练						
运动马饲养管理训练						

2. 岗位综合能力指导

（1）马匹饲养管理效果检测。

（2）马匹饲料的选择与配比技术。

（3）马匹饲喂设备的清理与维护。

（4）马匹饲喂时的注意事项。

马匹饲养管理岗位综合能力指导过程记录表

序号	能力项目	完成质量	师傅评价	协岗日期
1	种公马饲养管理技术			
2	母马饲养管理技术			
3	哺乳驹饲养管理技术			
4	断奶驹饲养管理技术			
5	运动马饲养管理技术			
6	马匹饲料的选择与配比技术			

学徒任务三　马匹护理技术

马匹护理是马房管理工作中极其重要的环节，是马房管理必备的一项技术。马匹护理在现代马业发展中占据极其重要的地位，是马术（赛马）运动项目的有机构成部分，对马匹健康保障与促进、疾病治疗与康复，甚至马匹运动能力和竞技水平的提高有极其重要的作用，也是现代马业发展的基础。马匹护理包括驱虫、接种疫苗、修剪、牙科、刷拭、护蹄和运输等。

【专业知识准备】

一、马匹刷拭技术

刷拭是马匹护理技术中重要的护理技术之一，是马房管理者的一项基本功。认真、仔细又内行的刷拭具有以下作用：清洁马体；按摩肌、腱；及时发现伤病和达到人马亲和。马匹每天必须至少刷一次，时间不少于 20 min，可随时刷马，全天保持马体光洁。工作时间马体不洁，表明马房管理水平低下。

1. 马匹刷拭场地准备

刷拭马匹通常在马房、马房通道或在马场选一安全、干净、可以拴马的地方进行，并给马匹戴上笼头拴好。

2. 马匹刷拭用具准备

体刷（软毛刷）：用以除去附在马体表及鬃毛和尾毛上的尘垢。

水刷（鬃毛刷）：用以梳洗鬃毛和尾毛。

长毛刷（硬毛刷）：用以除去马身上的干泥土、垫料和马粪等污垢，除去橡胶刷残留污垢等，注意应顺着马毛的方向刷，不能用于刷拭马体敏感部位。

汗水刮（刮子）：用于洗浴后除去马身上的水或刮除多余的汗水。

橡胶刷（橡胶梳）：用于除去马身上的干泥土污物和脱落的马毛等。

毛刷刨（铁蓖子）：有胶制和铁制两种，用以清除毛刷上的马毛和尘土，不能直接用于马体。

梳子和剪刀：用以修剪鬃毛、歇毛、距毛和耳边毛等。

蹄钩：用于抠去马蹄底部的粪尿和泥土等污物。

蹄油：抠蹄和清洁蹄壁后涂于蹄壁和蹄底部。

海绵块：用于清洁马的眼部、鼻部、口和肛门周围。

刷拭用具最好装在一个小塑料桶或袋内，用后必须清洗干净放好。刷拭用具见图 2-22。

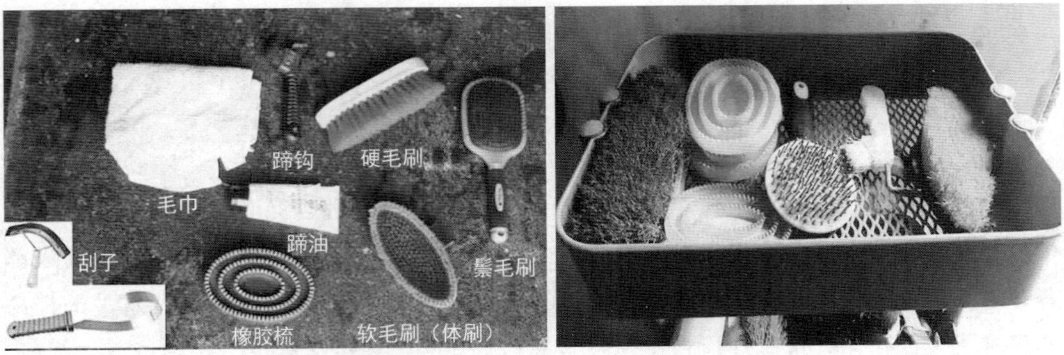

图 2-22　刷拭用具

3. 马匹刷拭操作规程

运动用马在调教、训练前和训练后都要进行刷拭。一般马匹调教和运动前刷拭规程如下：

（1）收集刷拭马匹工具。这些工具一般都放在箱子、网篮或袋子中，把刷拭工具提到马房。

（2）在马房给马戴上笼头，栓系得要相对短些。

（3）马房里马匹站立的地方要干净，在刷拭马之前，要把一切杂物清走。

（4）清蹄。一般刷拭马从清蹄开始。粪便与污垢多粘在马的蹄底，清理时注意不要落在垫料上。依次抬起马的四肢，用蹄钩清除所有附着的污垢，操作时要从蹄踵向蹄尖部方向进行，这样可以避免刺激马蹄的敏感部位。蹄叉部位要清理干净，并查看是否有蹄叉腐疽。轻敲马的蹄铁，看是否安全，最后看蹄钉的末端弯曲部分是否翘起。抬马腿时，可在左侧抬起马的右肢，操作时马很快会适应。为了保持马房环境的清洁，马蹄清理要在马出厩之前完成。马匹清蹄见图 2-23。

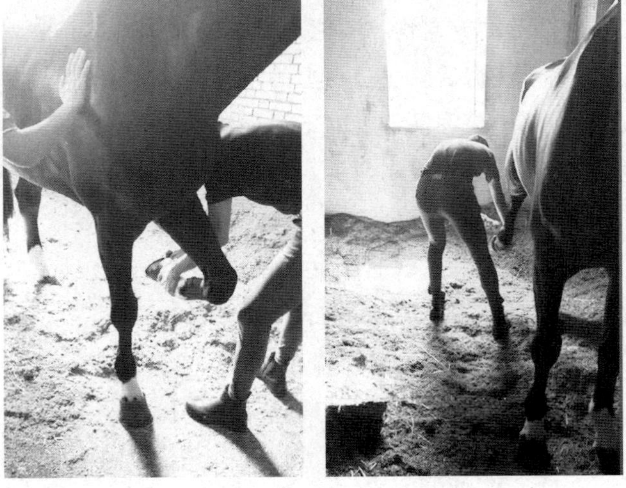

图 2-23　马匹清蹄

(5) 刷拭马体。为了刷拭方便可以将马匹牵出马房，在马房通道干净处拴好马。根据季节选择合适的马刷。冬季的刷子应该像刮片一样有利于帮助马匹褪毛，而夏季的刷子则应该是圆的橡胶刷，并且应当有很多不同的尺寸和样式。选择一个小号的，软的马刷来刷马的脸部等部位，用大号的去刷身体。

①先用橡胶梳做圆形运动。首先从头顶开始，站在马的左侧，顺着被毛的方向，有规律地由前向后刷遍全身。从一侧刷到另一侧，从上刷到下，放松、毛发，刺激皮肤分泌代谢物，不要刷头部和腿部。

②再用体刷用力刷拭马的全身。左手持体刷，右手持铁篦子，刷拭要按一定的顺序进行，一般是先左后右，由前到后，从上到下，依次刷拭。首先从马头开始，刷完马头后，再刷马的颈部、前肢、躯干、臀部和后肢。刷马的左侧时用左手持刷，右手拿毛刷刨。刷右侧时用右手持刷，左手拿毛刷刨，刷后肢的后侧时则用相反的手持刷。每刷三四次将刷子在毛刷刨上刮二三下，去掉刷子上的脱毛和尘土，然后再刷。刷时手臂要伸长，先逆毛刷出，再顺毛拉回。逆毛刷可使马毛蓬松，擦起尘土和皮垢，顺毛刷可以刷掉已经松弛的皮垢和尘土。逆毛刷时不要用力太大，顺毛刷时则要用力。在刷马的背部和胸肋部时要轻而柔和，手臂轻度弯曲，手腕灵活，身体轻轻向体刷后面倾斜，划小圆圈刷，每一次擦拭都要顺着被毛的方向结束，不要来回擦拭。对肷部、腰角处及颜面部都要顺毛刷，用力要轻。用软毛刷刷脸、头部时，注意避开眼睛，除去细颗粒和灰尘。刷头部时，首先松开马，解开笼头，顶革暂时系在马的颈部。用空闲手控制马头，小心地用体刷刷拭，刷拭完后，重新带上笼头并栓上马。每次刷马都要刷到马体没有尘土为止。软毛刷刷马头见图 2-24。

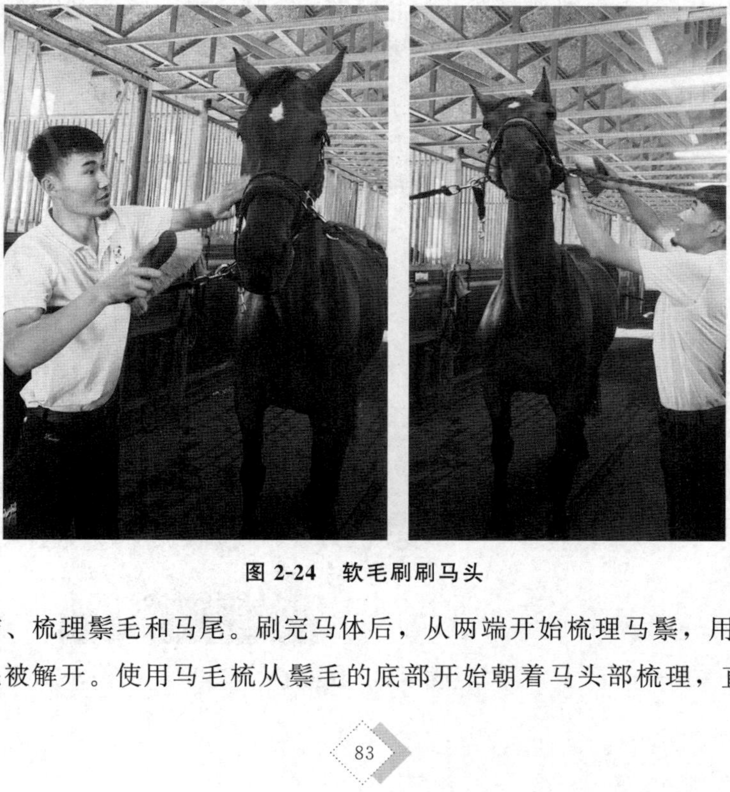

图 2-24 软毛刷刷马头

(6) 清洁、梳理鬃毛和马尾。刷完马体后，从两端开始梳理马鬃，用手指解鬃毛，直到全部鬃毛被解开。使用马毛梳从鬃毛的底部开始朝着马头部梳理，直到去除所有的节扣、毛刺和松软的毛发。梳理马尾时，先用手将马尾毛结梳理开，再用体刷刷拭，可用一手握一部分马尾由上向下刷理，直到将全部马尾刷拭干净，注意不要硬拽尾毛，不能使用长毛刷或橡胶刷。清理马尾见图 2-25。

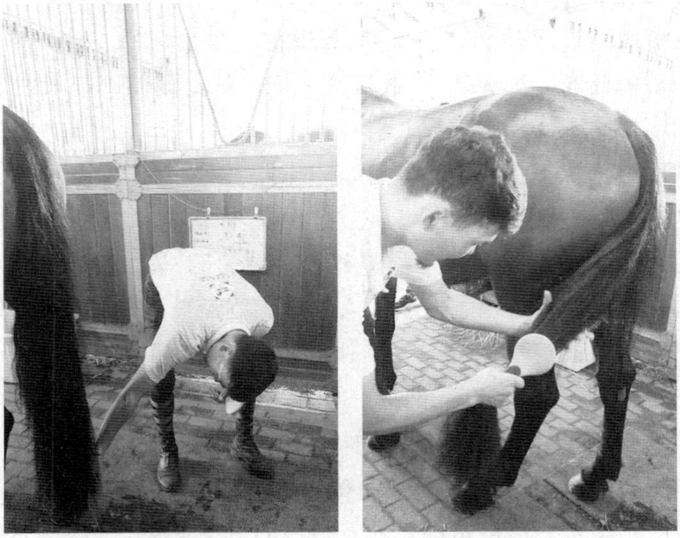

图 2-25 清理马尾

（7）清洁面部和肛门。用海绵块或干净毛巾清洁面部（包括耳眼口鼻）和肛门等处。清洁面部和肛门不能使用同一块海绵或毛巾，可准备两块不同颜色的海绵或毛巾，一块用于清洁面部，另一块用于清洁肛门部。用时拧干海绵或毛巾的水，使其保持柔软、干净和潮湿。清洁面部从眼部开始，眼部清洁后，将海绵或毛巾洗净、拧干后再清洁口鼻部。清洁肛门处时，如果马匹老实，可站在马的后面，如马匹不老实，可站在马的一侧，尽可能高地举起马尾，轻轻地把肛门周围和尾根下无毛处的皮肤清洁干净，最后再用另一块干净的湿毛巾先逆毛再顺毛将全身擦一遍。刷拭完成后可以根据实际需要合理选择涂抹蹄油，用毛刷蘸蹄油均匀涂遍整个角质层，每周至少一次。抹蹄油见图 2-26。

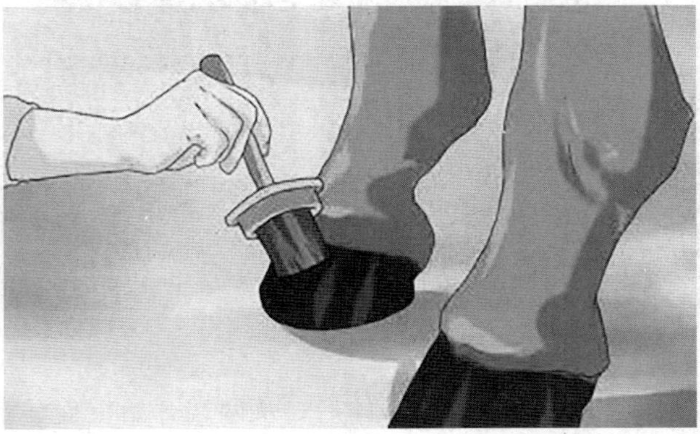

图 2-26 抹蹄油

注意刷拭马匹时最好不要戴手套。一边刷拭马匹一边可以检查马匹全身是否有鼓起的疙瘩，对保护马匹健康起到预防作用。

马匹调教、训练后对马体要进行全面刷拭，最有效的刷拭时间是训练后马体尚处于温热状态时，此时毛孔扩张，污垢附于马体表面，其刷拭方法与马匹调教前和运动前基本一样，只是刷拭场地选在马房通道或在马场选一安全、干净、可以拴马的地方。

二、 马匹洗浴

马匹在运动后会出汗，需要洗浴。给马匹洗澡前一定要选择合适的天气，要选择温暖晴朗的天气给马匹洗澡，不能选择阴暗潮湿的天气。因为温暖晴朗的天气，马匹洗澡后能在阳光下晒干身体，不会因为身体长时间潮湿而生病。气温水温偏低、有大风天气、病马或者训练后、出汗未干的马不能洗浴。

（一） 马匹洗浴地点的选择

应该设立一个专门给马匹洗澡的房间，如果条件不够没有马匹专门洗澡间，那就选择干净的平地给马匹洗澡。因为马匹喜欢在地上打滚，因此不能在附近有泥水的地方给马匹洗澡。

（二） 马匹洗浴工具和洗浴物品

马匹洗浴前，需要事先准备好各类洗浴工具和洗浴用品。给马匹洗浴的必需品有：吸水海绵、梳毛刷、装温水的水桶。洗浴用品有：马匹洗澡专业沐浴露、擦水的干毛巾，有条件的还可以准备马匹专用精油，滋润马匹的皮肤。

（三） 马匹洗浴规程

1. 洗浴

准备洗马工具，将马拴好，用水管或水桶淋水洗马。彻底清洁马体，可涂抹洗洁精或人用浴液。简单的洗浴，只用水冲刷去除表面泥垢和汗渍即可，注意不要将水弄进马耳。

先将马匹专用的沐浴露挤到桶装的温水里，用海绵伸进桶里蘸水擦拭马的身体，先擦拭马背，再擦拭马的肚子和头部，清洗头部的时候注意不要把沐浴露弄到马的眼睛里。

2. 淋浴

把污垢擦拭干净后，用水桶里或水管的温水（15 ℃）冲洗干净。冲洗顺序为从上到下，从左到右，从前往后，尤其是四肢和体躯结合处一定要冲干净，头部和腹部冲洗一定要小心，头部不小心易溅到眼睛；腹部皮肤薄，易惊到马匹，尽量不要冲洗，可以用海绵擦拭干净。冲洗完成后顺着马匹的毛发用梳毛刷梳毛，容易打结的地方不要用梳毛刷梳，而是用手指解开，免得弄疼马匹。洗干净身体和头部以后，别忘记还有一个重要部位要清洗，那就是马匹的尾巴。千万不要拉拽马匹的尾巴清洗，马匹很可能给你一脚。要把水桶放在一个台子上，能让马匹的尾巴自然浸入水桶的水里，完全打湿后，用软海绵轻轻擦拭尾巴，再冲洗干净。马匹淋浴见图 2-27。

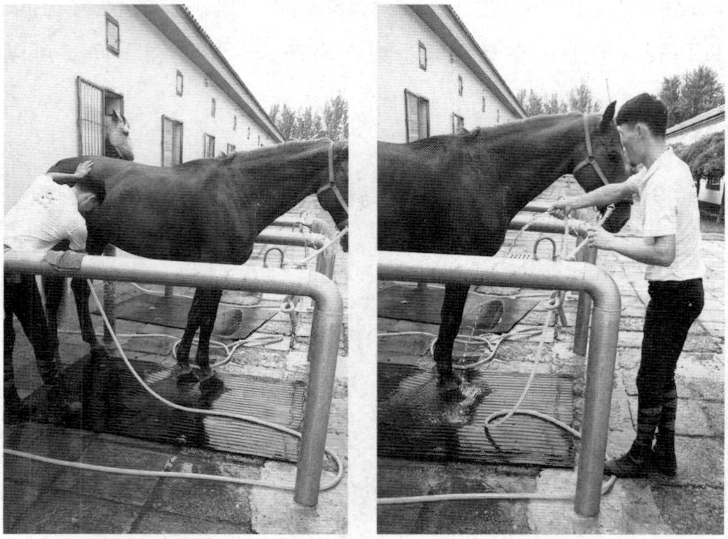

图 2-27　马匹淋浴

3. 擦干马匹

虽然天气很好，气候也很干燥，但是马匹身体面积比较大，洗浴后完全靠风干也要很长时间，容易导致马匹着凉生病，也会滋生细菌得各种皮肤病。所以，给马匹洗浴后，应该马上用干毛巾仔细擦拭马匹的身体，尤其是腹下和四肢的水，要注意仔细擦拭，否则会引起马匹感冒，擦干后涂上护肤的精油，再让马匹在阳光下晒太阳，晒干水分，这样给马匹洗浴就完成了。有烘干房的也可以将马牵至烘干房进行烘干，再涂上护肤的精油即可。

洗马工具用后及时晾干，不得互相借用，否则极易传播真菌或霉菌，导致马传染皮肤病。

三、马匹护蹄

（一）清蹄

每天刷拭时要清蹄，刷净蹄壁，清除蹄底粪污（详细操作见马匹刷拭规程）。

（二）装蹄铁技术规程

每 30～45 d 修蹄和换装蹄铁一次。对俱乐部的马匹进行合理的装蹄不仅可以防止蹄角质过度磨灭和防滑，而且可以预防蹄病和变形蹄的发生，矫正变形蹄和异常步，对配合治疗某些肢蹄疾病等都有重要作用。

1. 蹄铁和蹄钉的选择

一般一个蹄铁配 6 根钉子。根据赛马训练、比赛的不同要求选钉不同材质、不同规格的蹄铁，比赛用的轻质蹄铁所配的蹄钉与平时训练用蹄铁所配合使用的蹄钉的钉头形状略有不同，主要是为了配合比赛用蹄铁的设计并更牢固的装蹄。

在赛马比赛中，蹄铁的使用有许多标准化的规定，如在规格上有如下规定（不同地区可能会有差异）：包括蹄钉在内，蹄铁重量不得超过 150 g；蹄铁应正确安装，不得超出蹄壁和蹄踵壁的范围。甚至对钉头的突出长度，蹄铁表面等各方面都提出了要求。除了上述几点关于蹄铁规格的规定之外，还要求练马师须取得相关组委会的书面许可后，才可以为赛马使用特殊蹄铁参赛。任何使用特殊蹄铁的马匹，必须在比赛日前不少于 48 h 内申报，以便钉蹄师和兽医检查，未完成钉蹄的马匹不允许参赛，除非有特别许可。蹄铁和蹄钉见图 2-28。

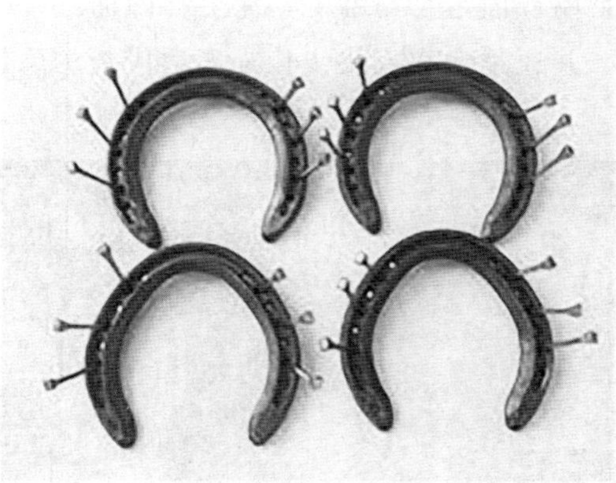

图 2-28　蹄铁和蹄钉

2. 装蹄铁技术规程

（1）准备好装蹄铁用具。装蹄工具见图 2-29。

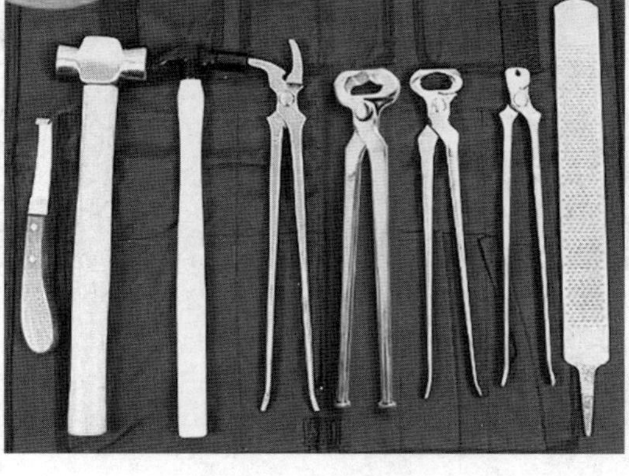

图 2-29　装蹄工具

（2）给马匹戴上笼头并牵引到钉蹄铁处，拴好马匹。

(3) 拆除马蹄上的旧蹄铁，需要用到截钉刀、锤、拔钉钳、卸蹄钳。蹄钉是弯到蹄壁上的，需要用锤子和截钉刀取直蹄钉，然后用拔钉钳拔掉蹄钉，拔完后用卸蹄钳拆除旧蹄铁。

(4) 修蹄。修蹄需要用到剪蹄钳、马蹄锉和各种款式的蹄刀。剪蹄钳用来修剪蹄指甲和蹄壁，就好像修剪人的指甲一样，蹄刀用来修蹄面和蹄叉，把蹄壁的底缘削平，马蹄锉用来进一步锉平马蹄，然后根据训练或比赛安排选钉不同的蹄铁，使蹄与蹄铁紧密吻合。

(5) 装新蹄铁、下蹄钉。修完马蹄后就需要正式钉蹄铁了，拿出提前准备好的蹄铁和 6 根蹄钉，6 根蹄钉分别插入蹄铁的 6 个钉孔，下钉的部位是蹄壁底缘与蹄底之间的环状白线处，用钉蹄锤钉上蹄钉，钉下的蹄钉要向外穿出蹄壁，但不能伤及马的触觉部分，把蹄钉露出蹄壁的钉尖多余伸长的部分用剪钉钳剪掉，剩下蹄钉的断端弯曲用压钉钳压到蹄壁上，把蹄铁固定在马蹄上，涂上马蹄油。钉蹄后还要对钉孔和蹄壁等进行细节处理和护理，并通过牵遛或快步让马匹适应新的蹄铁。装蹄铁、下蹄钉见图 2-30。

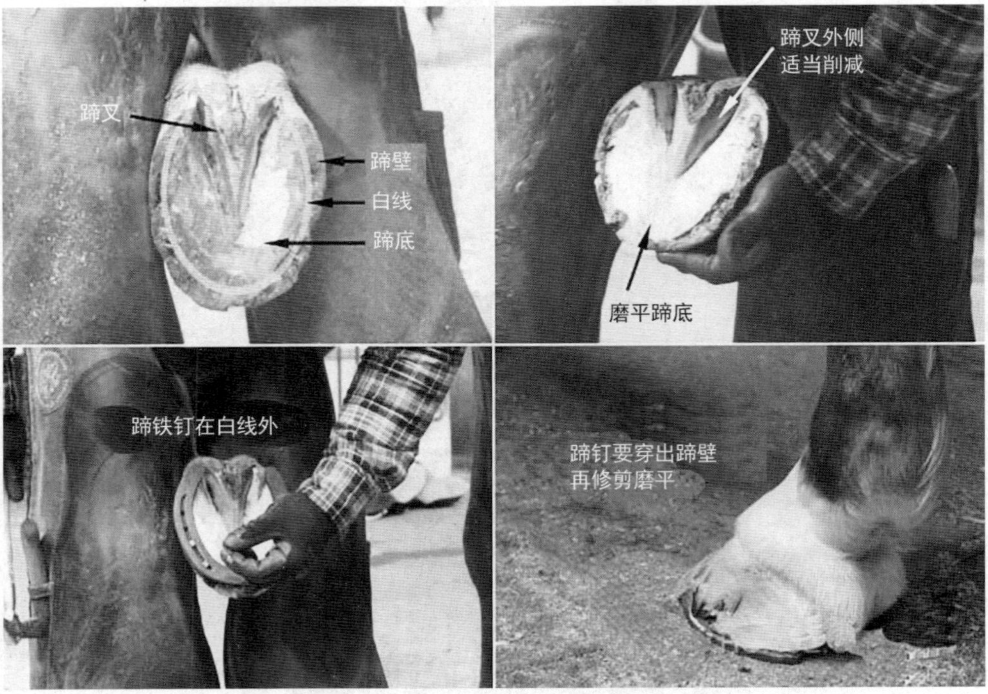

图 2-30 装蹄铁、下蹄钉

(三) 装蹄铁注意事项

1. 削蹄注意事项

(1) 蹄与系的方向是否一致。蹄与系的方向（即趾骨轴）是确定削蹄正确与否，以及削蹄后的蹄形是否适应肢势的标准。因此，削蹄时要求蹄与系的方向一致。其判定标准是：从肢前望，由系的前上方中央向蹄设一垂直线，将系部内外等分，垂线落于蹄尖中央，侧望时，系部的倾斜方向与蹄的倾斜方向成直线。若蹄与系方向前倾，说明蹄踵削切不足而偏高，蹄与系方向后倾说明蹄踵偏低或蹄尖壁过长；蹄与系方向外倾，说明蹄的外侧低内侧高，蹄与系方向内倾则蹄的内侧低外侧高。上述现象都会造成体重偏压于蹄的低侧，破坏蹄的平衡负重，时间久了会诱发变形蹄或肢蹄疾病。因此，在削蹄时应力求做到蹄与系的方向一致，不一致时应及时给予修整或矫正。

（2）左右两蹄大小、长度是否相同。正常左右蹄的大小应相同，蹄的长度也应一致。蹄的大小通常是以该蹄所装的蹄铁的号数来表示的，如装 1 号蹄铁的蹄子即为1 号蹄，以此类推。马 1 号蹄蹄尖壁的长度约为 76 mm，每大 1 号，蹄尖壁长度增加 2 mm。但在实践中不可能逐蹄测量，因此在削蹄时为了做到心中有数，常以手指基部测量蹄尖壁的长度。一般蹄尖壁的长度为 78～80 mm，稍小的蹄 72～76 mm，较大的蹄 84～88 mm。

（3）蹄尖壁与蹄踵壁的长度比例和蹄角度是否适当。正常的蹄形，蹄尖壁与蹄踵壁的长度比例，前蹄约为 2.5∶1，后蹄约为 2∶1；蹄尖壁与地面的角度，前蹄为 50～55°，后蹄为 55～60°。

（4）蹄负面是否平坦，蹄底、蹄叉和蹄支削切是否适当。蹄负面削切必须平坦，并与蹄铁能紧密相接，不生空隙，蹄底应削出一定的穹隆度；蹄叉要削出固有的形状，其高度应略高出蹄负面；蹄支一定要削出横断面，保持与蹄叉基本同高，蹄支与蹄叉支后端相连接的部位要彻底削开，以促进蹄的开闭机能，预防发生蹄踵狭窄等变形蹄。

2. 修配蹄铁注意事项

（1）蹄铁大小选择。蹄铁的大小必须按照蹄形的大小选配，即蹄铁必须适合蹄形。蹄铁过大容易落铁或运步异常，过小容易发生钉伤。当蹄铁局部与蹄形不完全相符合时，应适当修整蹄铁，绝不能“削足适履”用蹄形将就蹄铁，否则会招致蹄变形。正常蹄形装上蹄铁后，在蹄尖和蹄侧部，蹄铁外缘与蹄壁外缘大小一致，或略大于蹄壁外缘（不超过1 mm），由蹄踵部向后蹄铁外缘应逐渐大于蹄壁外缘，留有 1～3 mm 的剩缘，蹄铁的铁尾应比蹄踵角长 3～5 mm。

（2）修配蹄铁。修整后的蹄铁上面（接蹄面）要平坦，外缘要平整，并保持钉沟和钉孔的完整，蹄铁装上后，要防止留出三角剩尾，特别是内侧铁支，以防发生交突等。

3. 下钉注意事项

（1）下钉数量。一般马蹄每侧下 3 个钉，每蹄 6 个钉，较大的蹄每侧可下 4 个钉，不要把所有钉孔都钉满。下钉太多不但不能保持蹄铁的牢固，反而会破坏蹄壁，发生落铁或蹄病。最后方的蹄钉负荷量较大，应注意装钉牢固。

（2）下钉深度。蹄钉要由白线外缘钉进，在蹄侧壁长度的下 1/3 与中 1/3 的交界处出钉，每钉间隔距离应力求均等，避免两个钉相距太近。若下钉过深易发生钉伤，下钉太浅易发生落铁或崩蹄。

（3）钉节长度。指蹄钉钉出蹄壁后，用剪钳剪断钉身并将其断端向上弯曲部分的长度。一般要求钉节的长度应与钉身的宽度相同或略小于钉身的宽度，近似四方形。防止钉节过长或过短，并且要弯曲确实，紧贴在蹄壁面上，特别是蹄的内侧，以防引起肢蹄外伤。

以上所述是马匹正常装蹄的注意事项，是保证装蹄质量，消除或减少因马匹肢势不正和装蹄不当造成不良影响的关键。但是在实践中由于每匹马的肢势和蹄形不同，装蹄时需依据各自特点采取不同的装蹄方法。

四、马匹其他护理技术

（一）被毛修剪

剪毛可使马整洁、易刷拭，减少皮肤皲裂。剪毛的马出汗易蒸发，马体变干和体温恢复较快。剪毛需要专门的毛剪并需要掌握一定的技术。剪毛有多种形式：全修剪，剪短全身被毛，用于赛跑马；狩猎型修剪，保留腿毛和鞍座部，用于竞技马；披毯型修剪，仅剪去头颈部和体下部的毛，保留四肢和背部的毛，此外还有越野型和挽缰型修剪等方式。

（二）马衣穿戴

国外通常用马衣保护马体，如马背、披毯。马衣有多种：夜间马衣，保暖用；日间马衣，参赛和旅行用；夏季马衣，防蚊蝇骚扰，防尘和防晒用；凉爽马衣，利汗液和体热蒸发用；防水马衣，防雨用。寒冷和运输时还有保护头颈部的马衣。四肢管部和马尾都可以包缠绷带，以防外伤。炎热地区还给马戴头罩，防烈日直射马头。马衣在国内当前使用较少，国产马耐热抗寒，无须穿戴马衣，国外引进马匹则根据实际需要选择适合的马衣穿戴。

（三）马匹修饰

马匹修饰可使马美观整洁，悍威好。每日刷拭时要梳理鬃、鬣和尾毛。梳理通顺，剪去缠结的团缕和夹杂物，拔掉个别过长毛缕。若马尾粗厚过长时，需削减毛量，剪齐下端，还应剪去耳壳内、耳外沿以及颌下长毛，但注意胡须（触毛）不能剪。剪去距毛，四肢会显得修长灵活。头部和四肢白章应保持洁白，不被污染，要不断刷洗干净。竞技马参赛时将鬃鬣编成辫子，显得雍容华贵、美观大方，尾毛也可编辫。

（四）驱虫

马房容易滋生繁衍寄生虫。为了马匹的健康，需要根据不同马匹的需求，制订驱虫计划，准备好驱虫的药物。目前常见的驱虫计划是一年驱虫四次，注意轮换使用不同的驱虫药，这样可以降低耐药性。

（五）护齿

马有两大类牙齿。切齿位于口腔的前端，用来切断草茎。臼齿是用来碾磨的牙齿，负责咀嚼。臼齿位于口腔偏后的位置，并且很难看得到，不要把手放到马口里去摸臼齿，因为即使再守规矩的马也可能会狠咬或碾断你的手。如果上下颌的牙齿不能完全闭合，采食带来的不断磨损可能会形成锋利的边缘。牙齿出现问题时的症状包括：采食（咀嚼）时食物从嘴边漏出，无法吃完所有的食物，或不愿接受衔铁。兽医可以检查马牙齿，并且如果有需要的话，可以为马锉牙，锉牙时可使用一把特殊的带有粗糙边缘的锉，用来磨掉牙齿锋利的边缘。

有些马从来都不需要锉牙，然而有些马每年至少需要两次的牙齿处理。这可能要归咎于马匹口腔完全闭合时的牙齿咬合方式。如果马匹有狼齿，则有必要把它去除。即使认为马匹的牙齿不存在问题，也要定期让兽医对马匹的牙齿进行检查。

（六）马匹运动过程中的护理

在比赛期间，确保马匹安全地运到目的地是一个很重要的环节。因为在运输过程中，除了防止马匹受伤外，还要考虑马匹的脱水现象。一般情况，马匹在车上超过12 h，水分消耗会在5%以上。这就需要我们在启程之前和到达目的地之后都要做好充分的准备工作。启程之前可以让马喝点盐水，一般1 L水中加6 g盐，马匹是能够接受的。运输途中也要让马多喝水，到达目的地后，及时给马补充水分和电解质，而且补充水分和补充电解质要分开，这时要避免阳光直接照射。如果马匹到达赛场不到10 d就要参加比赛，会很容易造成脱水现象，所以这就需要提前制订好行程计划等。

（七）赛前的护理

在天气太热或太湿的情况下，赛前准备时间不要太长，而且室外阳光直射会更容易造成马体温升高和脱水。注意赛前给马补充淡盐水和电解质要得到授权。

（八）赛后的护理

赛后马匹在终点处要接受检查，检查其心跳次数和体温。体温在40 ℃以下不会给马造成太大影响，如果能够降温更好。体温超过40 ℃（这时心跳在120次/min以上），就要采取降温措施，方法就是利用大量的冰水不停地擦拭马匹，也可用水管直接冲洗马体。最需要降温的部位是肩、臀和头部。降温时间最好持续10 min，也有在10 min内体温不降反而升高的情况，但之后会每10 min降1 ℃。如果体温一直降不下来，就要输液，这时脱水应在5%以上，马匹需要补充的液体应该在50～60 L。

【典型人物案例】

芒来，男，蒙古族，中共党员，1962年8月生，内蒙古锡林郭勒盟镶黄旗人，精通汉语、蒙语、日语和英语，农学博士和兽医学博士双博士，博士后，博士生导师，教授。内蒙古农业大学生物工程学院院长；中国马业协会秘书长；《中国马业杂志》主编；中国农业大学马研究中心特聘教授；内蒙古遗传学会副理事长；内蒙古青年科技工作者协会副会长。内蒙古自治区新世纪“321人才工程”第一层次人选；第七届“内蒙古十大杰出青年”；“内蒙古自治区优秀留学回国人员”；“全国首批新世纪百千万人才工程国家级人选”；“享受国务院特殊津贴专家”；首届“内蒙古十位师德标兵”；“全国师德标兵10名重点宣传对象”；2002年被评为内蒙古农业大学3名讲课效果A级教师之一。

主要著作：《蒙古人与马》（蒙文版），该著作获得2004年度第14届中国图书奖；《蒙古族马文化》（日文版）；《轻种马饲养标准》（中文版）；《中国猪遗传资源保存的系统工程研究》（中文版）；《兽医手册》（蒙文版）。

《牧业小百科》（蒙文版，该专著在第十届北方十省市（区）优秀科技图书评选中获得一等奖）等六部专著；《马业科学》（中文版）；《马业科学》（蒙文版）；《畜牧学概论》（中文版）等。

芒来教授的突破性成果：“马咽鼓管囊（喉囊）形态学特性的研究”研究成果，成为国际上马咽鼓管囊研究领域的突破性成果。该成果为马咽鼓管囊生物学特征的解明、马咽鼓管囊疾病的诊断、治疗和预防等诸多方面提供了新颖而翔实的实验数据。

典型人物事迹感想：

典型人物工匠精神总结凝练：

【任务环境要求】

企业具有50匹以上马匹，马匹刷拭、洗浴和钉蹄整套完备用具5套以上，具有符合马匹刷拭、洗浴和钉蹄要求的场所，安静、干净可以拴马的固定安全操作的地方，设施完备的现代化马房、马房附属建筑与设施等成套设备。

【任务目标与质量要求】

学徒独立完成马匹护理操作任务，管理效果评价良好。具有较强的组织和协调能力，独立处理马匹护理过程中各类突发事件，完成学徒任务。

【工作任务实施】

教学过程设计（教学环节）		任务内容	学习活动方法	学习时间
岗上学习		任务咨询	学徒小组开展	70天
教学活动1	岗前培训	岗位技能标准、规范、注意事项	师徒互动（小组讨论）完成任务单	3天
教学活动2	岗上技术指导	一般技术指导：马匹刷拭、洗浴和钉蹄技术，马匹其他护理技术：运动前、后马匹修饰等	现场技术指导、师徒互动（小组讨论）完成任务单	3天
		综合能力指导：正确选择马匹刷拭、洗浴和钉蹄用具；正确操作马匹刷拭、洗浴和钉蹄过程；详细记录马匹刷拭、洗浴和钉蹄注意事项	现场技术指导、企业综合评价	4天
教学活动3	顶岗工作	独立承担马匹刷拭和洗浴工作；协助蹄师完成马匹钉蹄工作	独立承担岗位工作	60天

【岗前培训】

岗前培训必选项目：

(1) 企业安全生产制度。

(2) 马匹护理岗位相关工作理论、岗位技能培训。

(3) 岗位任务工作规程、程序。

①马匹护理前的准备工作：马匹刷拭、洗浴和钉蹄用具、场地的准备。

②马匹日常护理工作：马匹刷拭、洗浴、修剪工作、马匹健康观察和马衣穿戴等工作。

③做好马匹驱虫工作。

④马匹护理工作记录规范，做好马匹护理工作数据的记录。

岗前培训过程记录表

序号	岗前培训内容	培训形式	完成情况	培训师傅	培训日期
1					
2					
3					
4					
5					

岗前培训内容考核表

序号	培训内容	考核形式	考核情况记录	考核记录人	等次评定（优、良、中、差）
1					
2					
3					
4					
5					

【岗位技术指导】

1. 日常技术指导

（1）能按时正确完成马匹刷拭工作。

（2）能适时观察马匹健康状况。

（3）根据实际情况完成马匹洗浴工作。

（4）能协助蹄师正确完成马匹钉蹄工作。

（5）适时对马匹进行检查、护理工作。

（6）常规马匹护理设备、设施的使用与保管工作。

岗位一般技术指导过程记录表

序号	技术指导内容	学习完成情况	指导师傅	指导日期
1				
2				
3				
4				
5				

岗位技术指导跟踪（考核）过程记录表

序号	指导内容	改进提升情况	跟踪记录人	记录日期
1				
2				
3				
4				
5				

岗位一般技术指导环节工作记录

（1）马匹护理前工作完成记录表

项目	完成情况	师傅评定	备注
刷拭工具的选择			
刷拭场地的选择			
牵马和拴马			
洗浴天气的判断			
洗浴工具的选择			
洗浴场地的选择			
烘干房设备的检查			
确定修蹄时间			
护蹄工具的选择			
蹄铁的选择			
护蹄场地的选择			

（2）马匹护理技术

①刷拭工具理论

项目	操作方法和要求
训练时间	
训练内容	

②刷拭

项目	操作方法和要求
训练时间	
训练内容	

③洗浴工具选择

项目	操作方法和要求
训练时间	
训练内容	

④洗浴

项目	操作方法和要求
训练时间	
训练内容	

⑤烘干

项目	操作方法和要求
训练时间	
训练内容	

⑥修蹄工具选择

项目	操作方法和要求
训练时间	
训练内容	

⑦蹄铁选择

项目	操作方法和要求
训练时间	
训练内容	

⑧马匹护理效果的评价

<table>
<tr><th colspan="2">评价项目</th><th>评价方法</th></tr>
<tr><td colspan="2">马匹刷拭和洗浴用具</td><td></td></tr>
<tr><td colspan="2">马匹钉蹄用具</td><td></td></tr>
<tr><td rowspan="3">马匹护理工作过程</td><td>马匹刷拭过程</td><td></td></tr>
<tr><td>马匹洗浴过程</td><td></td></tr>
<tr><td>马匹修蹄过程</td><td></td></tr>
</table>

⑨马匹护理工作过程登记表

过程	时间/d					
	1～3	4～6	7～10	11～20	21～30	31～40
马匹刷拭工具选择训练						
拴马训练						
清蹄训练						
刷拭训练						
马匹洗浴工具选择训练						
马匹洗浴训练						
马匹烘干训练						
马匹蹄铁选择训练						
马匹修蹄工具选择训练						

2. 岗位综合能力指导

（1）马匹刷拭效果检测。

（2）马匹洗浴效果检查。

（3）马匹日常修蹄效果检查。

（4）马匹日常护理各项工作。

马匹护理岗位综合能力指导过程记录表

序号	能力项目	完成质量	师傅评价	协岗日期
1	马匹刷拭技术			
2	马匹洗浴技术			
3	马匹护蹄技术			
4	马匹日常其他护理技术			
5	马匹护理工具的管理与维护			
6	马匹日常护理计划的制订			

附录

Appendix

Appendix
Appendix
Appendix

附录1
马房管理技术学徒岗位课程标准

1. 前言

1.1 课程定位

本课程是现代马产业技术专业的专业核心课程，适用于高等职业院校马产业专业，其主要功能是使学生了解马房构成及马房附属设施和马房管理工作任务，具备马房清理、马房环境控制、马匹健康观察、马匹饲养、马匹刷拭和护蹄技术的工作能力，能胜任马匹饲养、马匹护理、马房管理等一线岗位。

本课程应与《动物营养与饲料》同时开设，以强化学生对马产业企业的专业岗位理念。

1.2 设计思路

课程内容来源于马房管理工作内容、学习目标、对应岗位实际工作要求，学习项目设计依据实际工作流程，理实一体，教学内容与思政教育融合。校企合作开发课程，课程小组在充分调研的基础上，剖析调研结果，依据马房工作流程，以马房打理→马房环境控制→马匹饲养管理→马匹护理工作过程为导向对应设计 4 个教学项目，10 个教学项目，8 个思政融入点。按照岗位单项技能、综合技能、岗位技术 3 个层次由简单向复杂设计教学。

2. 马房管理学徒岗位课程标准内容

<table>
<tr><td>试点专业名称</td><td colspan="3">现代马产业技术专业</td></tr>
<tr><td>学徒岗位课程名称</td><td colspan="3">马房管理技术</td></tr>
<tr><td>学徒岗位课程工作描述</td><td>本课程是现代马产业技术专业学徒制马房管理方向的核心课程，该课程所对应的工作岗位就是马房管理岗位。本课程内容需要学生在学校和企业完成，因此需要既能够方便企业使用，又能够方便携带和使用的学习资源。通过联合行业、企业专家，对教材进行改革，使本教材采用活页设计，学生可以根据需要自行取用。每一个知识点采用文字结合图片的形式，全面细致涵盖每个知识点、技能点，并且分出重点、难点，介绍多种自学方法供学生使用。</td><td>学徒工作学习周数</td><td>6.5 周＋6.5 周＋10 周</td></tr>
<tr><td>课程教学目标与学习产出</td><td colspan="3">职业素质目标：（可量化考核）
1. 具有吃苦耐劳、奉献、创新的精神。
2. 及时学习掌握新知识并运用于岗位工作。
3. 具有较强的运动安全与救护意识。
4. 注重动物福利，树立动物保护意识。
专业知识目标：（可量化考核）
1. 了解我国马术俱乐部马房管理水平。
2. 了解马房设施和马房附属设施的设计与建设。
3. 熟记马房清理步骤和注意事项。
4. 熟记各类马房环境参数。
5. 熟记各类马匹饲养管理技术规程和注意事项。
6. 熟记马匹刷拭步骤和注意事项。
7. 熟记马匹护蹄步骤和注意事项。
职业能力目标：（技术技能和岗位从业能力）
（一）技术技能
1. 制订马房清理和马房环境控制方案并实施。
2. 观察马匹日常健康表现，能合理判定马匹应采取的护理方案。
3. 熟练操作各类马匹饲喂流程。
4. 规范熟练操作马匹刷拭过程。
5. 规范熟练操作马匹洗浴过程。
6. 规范熟练操作马匹清蹄过程。
7. 规范熟练的协助蹄师完成钉蹄操作。
（二）岗位从业能力
1. 服从马房经理的工作安排，能适应马术俱乐部企业组织管理环境。
2. 具有较强的语言表达能力，有良好的团队合作精神，有基本的人际和社会交往能力。
3. 能独立完成马房清理、马房环境控制和马匹健康观察过程。</td></tr>
</table>

续表

试点专业名称	现代马产业技术专业
课程教学目标与学习产出	4. 能独立完成各类马匹饲喂工作。 5. 能独立完成马匹日常护理工作。 6. 具有人和自然和谐发展的生态理念。 7. 能吃苦耐劳，认真好学，态度积极，喜欢马匹。
学徒岗位课程实施工作场所与使用工具	工作场所：马术俱乐部或马场马房及马房附属设施、洗浴场、修蹄间。 使用工具：粪叉、刷子、水桶、手推车、铁锹、扫帚、手套和新垫料（刨花、干草、稻壳等）、体刷（软毛刷）、水刷（鬃毛刷）、长毛刷（硬毛刷）、汗水刮（刮子）、橡胶刷（橡胶梳）、毛刷刨（铁蓖子）、梳子和剪刀、蹄钩、蹄油、海绵块、马笼头、安全帽、护甲和各类马饲料等。
学徒岗位课程实施岗位职业安全与规章制度	1. 学生作为新员工在入职前，需经过岗前培训与岗位培训，培训合格经考核后方可上岗。 2. 在工作过程中要采用正确的方法对自己和马匹进行装备，防止马匹和人员受伤。 3. 对于一起参加马房管理的员工要团结友爱，不准粗言乱语，不准争吵。 4. 不准虐待马匹，对马匹体贴，要有爱心、耐心、责任心。 5. 马房清理、马匹饲喂和马匹护理前要准备好用具，选择合适的场所进行，马匹饲喂和护理后要进行清洁打扫，马房清理、马匹饲喂和马匹刷拭、洗浴、清蹄后应把用具收好、放好，保证马匹卫生和环境卫生。
行业企业工作学习职业行为规范	1. 服从上级主管的工作安排。 2. 严格遵守企业的规章制度。 3. 保质保量完成学习任务。 4. 向企业师傅虚心请教。 5. 能独立完成马房清理、马房环境控制、各类马匹饲喂和马匹刷拭、洗浴、清蹄工作。 6. 了解马房和马房附属设施结构、布局及建设。 7. 能吃苦耐劳，认真好学，态度积极，喜欢马匹。
企业师傅、专业指导教师配置与教学要求	专业指导教师： 1. 具有中级及以上马房管理员证或饲养工证。 2. 具备三年以上的马房管理工作经验。 3. 具有1～2轮的马房管理课程的教学经验。 企业师傅： 1. 具有中级及以上教练员证或马房管理员证。 2. 具备三年以上的马房管理工作经验。 3. 作为师傅，指导1～3名徒弟，完成马房管理岗位知识技能的学习。 4. 能尽职尽责全过程进行学徒学习评定。
可考取的职业资格证书、行业或企业证书	教练证 企业马房管理员证 骑手证

续表

试点专业名称	现代马产业技术专业			
岗位工作学习任务（或项目）	工作学习内容	工作学习组织	学习产出考核标准	工作学习时间/周
1. 岗前培训	工作过程： 1. 我国马企业马房管理发展现状。 2. 马术俱乐部管理文化案例。 3. 认识学徒业务岗位。 4. 岗位工作技术设备与安全生产。 5. 岗位业务能力要求和培养目标。 6. 制订学徒培养计划。	1. 理解学徒制的安排及学习方法。 2. 学习企业文化及企业各项规章制度及职业精神。 3. 熟悉工作流程、人员协助等。	1. 能够理解学徒制的安排及学习方法。 2. 全面学习企业文化及企业各项规章制度及职业精神。 3. 通过熟悉工作流程、人员协助等适应工作环境。	1周
2. 马房管理操作	工作过程： 马房管理工作内容： 1. 马房清理。 2. 马房环境控制。 3. 马匹健康观察。 质量要求：做到动作规范、熟练，不要操之过急，一定要达到马房管理要求的标准，不给马匹造成伤害。	1. 学生在企业，可以直接通过手机客户端进行学习。 2. 通过观摩企业师傅的操作方法进行学习。 3. 学生在操作练习时，企业师傅在旁边进行指导，掌握本项技能。 4. 学生学完后，需要通过学校指导教师及企业师傅共同进行评价。	1. 学生是否完成相关网络教学资源的学习。 2. 学生在操作过程中是否操作正确。 3. 学生是否完成网络平台的作业。 4. 成绩评定。 （1）考评成绩优秀，继续由企业师傅指导进行提高练习。 （2）考评成绩合格，由企业师傅指导进行基础练习。 （3）考评成绩不合格，在企业师傅的监督下重新完成本项目内容的学习。	6.5周

续表

试点专业名称	现代马产业技术专业			
岗位工作学习任务（或项目）	工作学习内容	工作学习组织	学习产出考核标准	工作学习时间
3. 马匹饲养管理操作	工作过程： 1. 种马饲养管理。 (1) 母马饲养管理。 (2) 种公马饲养管理。 2. 幼驹饲养管理。 3. 运动马饲养管理。 质量要求：做到动作规范、熟练，不要操之过急，一定要达到饲养管理要求的标准，不给马匹造成伤害。	1. 学生在企业，可以直接通过手机客户端进行学习。 2. 通过观摩企业师傅的操作方法进行学习。 3. 学生在操作练习时，企业师傅在旁进行指导，掌握本项技能。 4. 学生学完后，需要通过学校指导教师及企业师傅共同进行评价。	1. 学生是否完成相关网络教学资源的学习。 2. 学生在操作过程中是否操作正确。 3. 学生是否完成网络平台的作业。 4. 成绩评定。 (1) 考评成绩优秀，继续由企业师傅指导进行提高练习。 (2) 考评成绩合格，由企业师傅指导进行基础练习。 (3) 考评成绩不合格，在企业师傅的监督下重新完成本项目内容的学习。	6.5 周
4. 马匹护理操作	工作过程： 1. 马匹刷拭。 2. 马匹洗浴。 3. 马匹护蹄。 质量要求：做到动作规范、熟练，不要操之过急，一定要达到马匹护理要求的标准，不给马匹造成伤害。	1. 学生在企业，可以直接通过手机客户端进行学习。 2. 通过观摩企业师傅的操作方法进行学习。 3. 学生在操作练习时，企业师傅在旁进行指导，掌握本项技能。 4. 学生学完后，需要通过学校指导教师及企业师傅共同进行评价。	1. 学生是否完成相关网络教学资源的学习。 2. 学生在操作过程中是否操作正确。 3. 学生是否完成网络平台的作业。 4. 成绩评定。 (1) 考评成绩优秀，继续由企业师傅指导进行提高练习。 (2) 考评成绩合格，由企业师傅指导进行基础练习。 (3) 考评成绩不合格，在企业师傅的监督下重新完成本项目内容的学习。	10 周

续表

试点专业名称	现代马产业技术专业
职业品质与工匠精神培养	1. 爱护马匹，热爱马房管理工作。 2. 通过学习，能够独立完成马房管理工作，独当一面。 3. 精益求精完成工作，有追求卓越的工匠精神。 4. 有自主学习的学习能力。
工作学习资源	1. 网络教学资源（文字、视频、图片、微课程材料）。 2. 手机 APP（文字、视频、图片、微课程材料）。 3. 纸质版学徒制教材。
学徒工作学习组织管理计划	1. 学生在企业，通过数字化教学资源学习项目内容。 2. 学生通过观摩企业师傅的操作方法开展技能学习。 3. 学生在操作练习时，企业师傅在旁进行指导和纠正。 4. 学生掌握本项技能后，需要通过学校指导教师及企业师傅共同进行评价。 5. 考取行业资格证书。
学徒考核评价方案	**岗前培训：** 1. 学生在企业，由企业人力资源培训师对企业文化，企业经营和管理等内容进行培训，学生通过数字化教学资源或手机 APP 学习项目内容。 **学徒工作过程考核：** 2. 学生认真观摩企业师傅的操作方法。 3. 学生在操作练习时，企业师傅在旁进行手把手指导。 **学徒成果考核** 4. 学生在学徒学习结束后，需要通过学校指导教师及企业师傅共同进行评价。 **职业素养考核** 5. 学生在企业工作期间，是否能够适应企业文化、遵守规章制度、完成学习及其他各项工作任务。
学徒岗位认证条件	1. 平时成绩（60%） 考评成绩优秀（85～100 分），继续由企业师傅指导进行提高练习。 考评成绩合格（60～85 分），由企业师傅指导进行基础练习。 考评成绩不合格（60 分以下），在企业师傅的监督下重新完成项目内容的学习。 2. 行业资格认定（40%） 通过参加学校职业技能鉴定、中国马术协会举办的各级教练培训班，获得行业资格证书（初级教练证，马房管理员证和中级饲养工）。

3. 其他说明

本课程教学标准适用于高等职业院校现代马产业技术专业。

附录2

现代马产业技术专业马房管理技术现代学徒岗位标准

<table>
<tr><td>学徒岗位名称</td><td colspan="4">马房管理技术</td></tr>
<tr><td>学徒培养时间</td><td colspan="2">23周</td><td>起止时间</td><td>×年×月×日—×年×月×日</td></tr>
<tr><td rowspan="2">学徒培养目标</td><td>专业知识</td><td colspan="2">1. 了解我国马术俱乐部马房管理水平。
2. 了解马房设施和马房附属设施的设计与建设。
3. 熟记马房清理步骤和注意事项。
4. 熟记各类马房环境参数。
5. 熟记各类马匹饲养管理技术规程和注意事项。
6. 熟记马匹刷拭步骤和注意事项。
7. 熟记马匹护蹄步骤与注意事项。</td><td>学习产出目标：
1. 独立制订马房清理和马房环境控制技术方案（包括马房场地环境要求，清理用具和具体清理实施方案，以及马房清理过程中的注意事项）。
2. 独立制订种马、幼驹和运动马饲养管理规程和注意事项。
3. 独立制订马匹护理技术规程和注意事项（包括刷拭、洗浴和清蹄）。</td></tr>
<tr><td>专业技能</td><td colspan="2">1. 制订马房清理和马房环境控制方案并实施。
2. 根据在马房观察马匹日常健康表现，能合理判定马匹应采取的护理方案。
3. 熟练操作各类马匹饲喂流程。
4. 熟练操作马匹刷拭过程。
5. 熟练操作马匹洗浴流程。
6. 熟练操作马匹清蹄过程。
7. 熟练的协助蹄师完成钉蹄操作。</td><td>训练产出目标：
1. 按时间和流程完整清理好一间符合企业要求的马房，并控制好马房环境参数。
2. 独立操作完成一栋马房马匹一天饲喂过程，符合企业要求。
3. 按时间和流程完成一匹马的刷拭、洗浴和清蹄过程符合企业要求。</td></tr>
</table>

续表

学徒岗位名称	马房管理技术		
学徒培养目标	岗位综合能力	1. 根据不同马匹的马房制订马房清理和环境控制方案并实施。 2. 根据不同年龄的马匹制订其饲养管理技术规程并实施。 3. 制订马匹刷拭、洗浴和清蹄方案并实施。	训练产出目标： 1. 独立制订马房清理和马房环境控制技术方案（包括马房场地环境要求，清理用具和具体清理实施方案，以及马房清理过程中的注意事项）并实施完成。 2. 独立制订种马、幼驹和运动马饲养管理规程和注意事项并实施完成。 3. 独立制订马匹护理技术规程和注意事项（包括刷拭、洗浴和清蹄）并实施完成。
	职业素养	1. 服从马房经理的工作安排；能适应马术俱乐部企业组织管理环境。 2. 具有较强的语言表达能力，有良好的团队合作精神，有基本的人际和社会交往能力。 3. 能独立完成马房清理、马房环境控制、马匹饲养管理和马匹护理工作。 4. 了解马房和马房附属设施的建设与规划。 5. 具有人与自然和谐发展的生态理念。 6. 能吃苦耐劳，认真好学，态度积极，喜欢马匹。	培养产出目标：企业评价良好以上。
学徒工作任务清单	工作任务 1	马房管理与马房环境控制	产出目标：按时间和流程完整清理好一间符合企业要求的马房，并控制好马房环境参数。
	工作任务 2	马匹饲养管理	产出目标：独立操作完成一栋马房马匹一天饲喂过程，符合企业要求。
	工作任务 3	马匹护理	按时间和流程完成一匹马的刷拭、洗浴和清蹄，过程符合企业要求。
合作企业与学徒岗位标准	企业员工规模	100 人以上	
	企业管理文化	乐于分享、勇敢果断、善交流、负责任、大胆创新、正直诚信。	
	学徒岗位技术要求	能独立承担马房管理各项技术任务，管理的马房符合企业标准。	

续表

学徒岗位名称	马房管理技术		
合作企业与学徒岗位标准	学徒岗位安全要求	岗位安全生产无事故	
	企业师傅资质与能力要求	1. 具有中级及以上教练员证或马房管理员证。 2. 具备三年以上的马房管理工作经验。 3. 作为师傅，指导1～3名徒弟，完成马房管理岗位知识技能的学习。 4. 能尽职尽责全过程进行学徒学习评定。	
	企业需提供食宿条件	按照企业正式员工标准提供食宿。	
	学生教学及管理	学徒期间在岗位技能学习、协岗、顶岗、就业见习期间推行“双导师”管理，即学校专业指导教师与企业师傅，双导师分工负责，指导完成学生培养，提高职业综合能力，实现高质量对口就业。	

企业对标申请

企业名称	新疆恒尚马业有限责任公司		校企二级学院会员企业	新疆马产业职教联盟
企业技术水平与生产规模	公司目前有专业化、多元化、高档次的综合运动休闲项目“恒尚·伯骏”马术俱乐部，该俱乐部有建筑面积1万 m^2 马术主题会馆，拥有西北最大面积约5 000 m^2 的室内马术运动场，标准马房3栋，拥有各类名马100余匹，马房初、中、高级教练十余人，同时还有一个繁育场。		拟提供学徒岗位名称	马房管理员、教练、饲养员。
学徒培养目标可实现度	专业知识	1. 可提供马术俱乐部马房清理企业标准。 2. 可提供马术俱乐部不同马房环境控制企业标准。 3. 可提供马术俱乐部不同年龄马匹饲养规程。 4. 可提供马术俱乐部马匹护理企业标准。		
	专业技能	1. 马房清理和马房环境控制两项关键技术由企业马房管理员进行“一对一”指导。 2. 马匹饲养技术由企业熟练饲养工进行“一对一”指导。 3. 马匹护理技术由企业成熟骨干员工进行“一对一”指导。		

续表

<table>
<tr><td>企业名称</td><td colspan="2">新疆恒尚马业有限责任公司</td><td>校企二级学院会员企业</td><td>新疆马产业职教联盟</td></tr>
<tr><td rowspan="2">学徒培养目标可实现度</td><td>岗位综合能力</td><td colspan="3">“恒尚·伯骏”马术俱乐部马房管理水平领先，选拔优秀马房管理员开展马房清理、马房环境控制、马匹饲养和马匹护理全程管理能力指导。</td></tr>
<tr><td>职业素养</td><td colspan="3">企业文化均包含6项职业素质要求，按照企业员工标准进行要求</td></tr>
<tr><td rowspan="3">满足工作任务岗位情况</td><td>工作任务1</td><td colspan="3">俱乐部可同时有4个学徒在师傅指导下在两个马房开展马房清理和环境控制工作。</td></tr>
<tr><td>工作任务2</td><td colspan="3">俱乐部可同时有4个学徒在师傅指导下在两个马房开展马匹饲养管理工作。</td></tr>
<tr><td>工作任务3</td><td colspan="3">俱乐部可同时有4个学徒在师傅指导下开展马匹护理工作。</td></tr>
<tr><td rowspan="14">学徒岗位满足条件</td><td>提供学徒岗位数量</td><td colspan="3">“恒尚·伯骏”马术俱乐部一次可以提供8～10个学徒岗位。</td></tr>
<tr><td>学徒管理保障</td><td colspan="3">与学校签订学徒制培养协议，人力资源部全程负责跟踪管理。</td></tr>
<tr><td>学徒岗位技术水平与培养条件</td><td colspan="3">“恒尚·伯骏”马术俱乐部马房管理水平全疆领先，员工食宿条件较好。</td></tr>
<tr><td>学徒岗位安全保障</td><td colspan="3">1. 与学校签订安全责任书。
2. 与企业员工（指导师傅）签订指导协议，纳入工作业绩考核。</td></tr>
<tr><td rowspan="8">企业可提供学徒师傅姓名与资质、业绩</td><td>姓名</td><td colspan="2">（资质、业绩、简历）</td></tr>
<tr><td>袁春旭</td><td colspan="2">“恒尚·伯骏”马术俱乐部总教练，工作8年。</td></tr>
<tr><td>巴德玛</td><td colspan="2">“恒尚·伯骏”马术俱乐部主管教练，工作9年。</td></tr>
<tr><td>巴特</td><td colspan="2">“恒尚·伯骏”马术俱乐部主管教练，工作7年。</td></tr>
<tr><td>马媛</td><td colspan="2">“恒尚·伯骏”马术俱乐部教练，工作6年。</td></tr>
<tr><td>董伟</td><td colspan="2">“恒尚·伯骏”马术俱乐部教练，工作4年。</td></tr>
<tr><td>杨自翔</td><td colspan="2">“恒尚·伯骏”马术俱乐部教练，工作5年。</td></tr>
<tr><td>马晓雨</td><td colspan="2">“恒尚·伯骏”马术俱乐部教练，工作3年。</td></tr>
<tr><td>学徒食宿条件保障</td><td colspan="3">学徒期间企业提供食宿。</td></tr>
<tr><td>岗位补助标准</td><td colspan="3">提供学徒岗位补助津贴1 000元/月。</td></tr>
</table>

附录3 马房管理岗位培养学徒企业师傅聘任标准（试行稿）

为深化落实推动教育部《关于委托开展职业教育现代学徒制理论研究与实践探索工作的通知》（教职成司函〔2013〕250号），以养马企业用人需求与岗位资格标准为服务目标，丰富中国特色职业教育体系内涵，并使现代马产业技术专业的现代学徒制改革顺利开展并取得实效，确保企业师资水平能够满足本专业现代学徒制教学的需要，特制定本标准。

一、聘任对象

现代马产业技术专业现代学徒制企业师傅的聘请对象主要是新疆马产业职业教育联盟内有丰富马匹饲养、护理、繁殖、兽医工作经验的在职人员。

二、聘任条件

（一）对培养学生有充分热情，具有良好的政治思想素质和职业道德。

（二）具备丰富的处理问题能力，善于沟通和表达，掌握并灵活运用行业知识进行技能的传授和讲解能力。

（三）工作经历（工种）成绩突出，善于“传、帮、带”；近三年在企业生产工作中，没有违纪、违章、违规行为；年度优秀职工优先聘任。

（四）取得中级及以上职业技能等级证书，或具备中级以上畜牧师、兽医师，或有生产独特专长的能工巧匠。

（五）接受过专门的企业导师培训。

（六）有制订、实施培训方案的能力，具备良好的语言表达能力和沟通交流能力。

（七）身体健康，心理健康，能坚持正常工作，男性60岁以下、女性50岁以下。

三、评聘程序

由企业各分公司先行推荐。获得推选的师傅需填写《师傅申报认定表》，由单位和合作院校共同审核。经评审通过的师傅，发放聘书，聘期3年。聘书加盖学院和企业公章。

四、奖励办法

师傅带徒弟期间学院和企业根据工作量核定、发放相关教学工作津贴。

对于师傅带徒弟期间表现优秀的人员给予精神奖励，由单位和学院统一表彰，发给获奖证书。

将优秀师傅的评选获奖情况计入个人档案，作为晋职晋级的考核依据之一。

附录4 马房管理岗位培养学徒选拔标准（试行稿）

一、学徒选拔的基本原则

坚持“公平、公正、公开”的原则，做到选拔条件与考核内容公开、选拔经过公开、选拔结果公开，选拔优秀学徒入厂实践。

二、选拔对象、条件及人数

（一）选拔对象

拟参加新疆农业职业技术学院和新疆马产业职业教育联盟现代马产业技术专业招生招工考试的学生。

（二）选拔条件

1. 思想端正，有良好的道德品质和文明的行为习惯。
2. 身体健康。
3. 达到招录基础分数线。
4. 热爱畜牧事业，具有合作意识和团队精神。
5. 有责任感和奉献精神，品行端正。
6. 自愿参加，入选后同意参加现代学徒制培训。
7. 毕业后（学成后），自愿进入新疆马产业职业教育联盟合作企业工作。

（三）选拔人数

根据当年计划人数确定。

三、选拔程序

单招面试（或统招填报志愿）——学院审核——企业综合考核，确定人选——签订学徒协议。

参考文献

[1] 姚新奎，韩国才．马生产管理学．北京：中国农业大学出版社，2008.

[2] 甘肃农业大学．养马学．北京：中国农业出版社，1981.

[3] 赵天佐．马匹生产学．北京：中国农业出版社，1997.

[4] 芒来译．轻型马饲养标准．北京：中国农业大学出版社，2004.

[5] 付立志．竞赛运动马匹的营养需要．北京：中国畜牧杂志出版社，1998．第 34 卷第 3 期，第 48-49 页．

[6] 孙玉江，曹雁行，芒来．浅谈马的营养需要．北京：中国草食动物出版社，2008．第 28 卷第 1 期，第 63-65 页．

[7] 陈绍语．竞技用马的饲养管理．新疆：新疆畜牧业出版社，2012．第 7 期，第 34-35 页．

[8] 张学军，邓秀才，吕志成．马的饲养及管理．北京：中国畜牧兽医文摘出版社，2014．第 30 卷第 12 期，第 62 页．

[9] 杨世忠，林代俊，王毅，等．建昌马的饲养技术．北京：草业与畜牧出版社，2011．第 11 期，第 35-37 页．

[10] 毛培胜，刘克思，夏方山．放牧管理与饲草生产在我国现代马业发展中的作用．中国草食动物科学，2013．第 33 卷第 6 期，第 67-69 页．

[11] 刘少伯．现代马业选集（第一卷）．北京：中国农业科学技术出版社，2007.

[12] 刘少伯．中国马业论文集．北京：中国农业科学技术出版社，2005.

[13] 王铁权．现代育马．北京：中国林业出版社，1997.

[14] 李桉．马匹调教学徒岗位手册．北京：中国农业大学出版社，2022.